練習，拉近了我與天才的距離

だから僕は練習する　天才たちに近づくための挑戦

王牌左投
和田毅的野球魂

和田毅 Wada Tsuyoshi——著
林巍翰——譯

concept 2
PayPay
STARLINE

SoftBank
HAWKS

昭和建設

Profile

和田 毅（Wada Tsuyoshi）

福岡軟銀鷹隊（福岡ソフトバンクホークス）投手，背號 21

一九八一年二月二十一日，和田毅出生於日本愛知縣江南市。受到大學時曾參加棒球隊的父親影響，從小學一年級開始接觸棒球。十一歲時搬回父親的故鄉——島根縣。就讀島根縣濱田高中時，身為該校棒球隊的王牌投手，曾在高二和高三，兩度參與夏季甲子園的棒球賽事，並在高三的夏季率隊打進全日本高中棒球隊的前八強。

高中畢業後，和田毅進入早稻田大學就讀。與自己同年級的教練一同摸索訓練方式的過程中，透過調整姿勢，竟然只花短短兩個月，就把速球的球速，從一二七～一二八 km/h 提升到突破一四〇 km/h。從大二開始，就坐穩球隊先發投手的位置。大四時，和田毅幫助早稻田大學在時隔五十二年後，於春、秋兩季的例行賽完成連霸的壯舉。而且還在「東京六大學棒球聯盟*」中，以四百七十六次三振，刷新由江川卓†保持的四百四十三次三振的紀錄。最後以「投球動作的下肢肌電圖解析」為題，完成畢業論文。

二〇〇二年，在日本職棒選秀會上，和田毅以「自由獲得枠」（自由獲得枠制度）的方式加入福岡大榮鷹隊（軟銀鷹隊前身）。從進入職業球隊的第一年起，他就加入先發投手的輪值陣容。和田毅在新人年就創下勇奪十四勝的佳績，在評審過程中以全票通過的情況，獲選為日本職棒該年度的「新人王」。

隨後於當年日本職棒冠軍賽（日本シリーズ）系列賽的第七戰擔任先發投手，成為日本職業棒球史上第一位以新人之姿，在同一系列戰中達成完投和享受到「封王那一刻站在投手丘上的投手‡」（胴上げ投手）。接下來的五年裡，和田毅每年的勝投數都維持在兩位數以上。

和田毅還以日本國家棒球隊隊員的身分，參與了二〇〇四年的雅典奧運、二〇〇六年第一次世界棒球經典賽（WBC）和二〇〇八年的北京奧運。

二〇〇九年，雖然一度為受傷所苦，但在二〇一〇年康復後隨即重返投手丘。並於該年度留下十七勝八敗、防禦率三．一四的佳績，獲得當年日本職棒的最多勝利投手、最佳九人和 MVP 等頭銜。同時也幫助軟銀鷹在睽違七年後，重新奪得太平洋聯盟的冠軍。

二〇一一年球季結束後，和田毅行使海外 FA（自由球員）權，加盟美國職棒巴爾的摩金鶯隊。但之後卻在該年度的開幕戰前接受左手肘的手術。二〇一四年，轉投芝加哥小熊隊，接著在該年七月，時隔三年後完成在美國職棒大聯盟的初登板，並於該球季獲得四勝。當年和田毅還被選入美、日明星賽的美國隊球員，在日本球迷面前再現風采。

二〇一六年球季，和田毅選擇回到日本重披軟銀鷹隊戰袍，並榮膺當年日本職棒最多勝、最高勝率的投手。

二〇一八年球季開幕前，和田毅在春訓時左肩突然感到疼痛，隨後開始長達一年半的治療和復健之路，最後在二〇一九年球季進行時重返一軍。

接著他在該年的日本職棒冠軍戰系列賽的第四戰先發登板並拿下勝投，以此宣告自己的浴火重生。

和田毅屬於「松坂世代」的一員，同屬這個世代的九十四名日本職業棒球選手中，在本書（繁體版）發行時，包含和田毅在內，仍活躍於球場上的只剩下碩果僅存的兩位而已。

和田毅的夫人是曾為藝人的仲根澄美（仲根かすみ），兩人育有一女。

身為投手，和田毅以其精心設計而成的投球姿勢，使打者不容易看到放球點而聞名。

能夠使用的球種有直球、曲球、滑球、變速球、二縫線快速球和切球。

身高為一七九公分，體重八十二公斤，左投左打，血型為 O 型。

---

* 譯注：由位於東京都的早稻田大學、慶應義塾大學、明治大學、法政大學、立教大學和東京大學組成的棒球聯盟。

† 編注：日本於八〇年代的怪物級投手，被譽為「百年才會誕生一個的天才」，處事作風非常特立獨行，為日本職棒界掀起巨大波濤。

‡ 編注：體育或選舉獲勝等場合，將主角舉高並拋向半空中的慶祝儀式，做為對教練、領隊或關鍵人物的獎勵。

前言

從一個「普通的棒球少年」到職業棒球選手之路

過去我不過是個「街頭巷尾隨處可見的普通棒球少年」罷了。

和同年紀的人相比，我的球技並無特別出眾。

體型上不具任何優勢。

投不出讓人驚豔的快速球和變化球。

當然也不具備天才般的棒球直覺和敏銳度。

高中時沒有成為媒體會關注的棒球未來之星。

儘管如此，我依然在棒球場上留下連自己都難以相信的成績。

- 東京六大學棒球賽最多奪三振紀錄
- 日本職棒最多勝投手（二〇一〇、二〇一六年）
- 日本職棒最高勝率投手（二〇一六年）
- 日本職棒新人王（二〇〇三年）
- 日本職棒年度MVP（二〇一〇年）
- 日本職棒年度最佳九人（Best Nine，二〇一〇年）
- 黃金精神獎（ゴールデンスピリット賞，二〇〇六年）
- 日本職棒交流戰最優秀選手獎（二〇一〇年）

當然，能獲得上述列舉的殊榮，僅憑個人的力量絕無可能。

我所屬的「福岡軟銀鷹隊」（福岡ソフトバンクホークス），從加入球隊的二〇〇三年開始算起，已拿過七次太平洋聯盟冠軍、八次日本大賽（日本シリーズ）冠軍，是一支實力堅強的勁旅。

而且在二〇一九年再次重返「日本一」（日本大賽冠軍）的寶座。

我之所以能取得這樣的成績，得歸功於軟銀鷹這支優秀球隊，以及與球隊運作相關的工作人員和隊友們。當然，若沒有熱情球迷給予的鼓勵，也不會有今天的和田毅。因此我想藉著出書的機會，在此誠心誠意地向大家說聲「謝謝」。

然而，扣除大家對我的支持後，有些事情對我來說還是很難解釋清楚。

我出生於一九八一年二月二十一日，**屬於所謂「松坂世代」的一員**。

「松坂世代」的代表人物，不用說當然是「松坂大輔」，然而出生於這個世代裡的優秀投手多如過江之鯽。

這個世代裡，日後成為職業棒球選手的共有九十四人。

對不小心出生於這個世代的我來說，小時候壓根沒有想過自己將來會成為職棒選手。

進入早稻田大學就讀時，我心裡設定的只有「到畢業為止，希望至少可以在早慶戰*登板一次」這種模糊的目標而已。當時考慮的不過是「取得教育學分後，去高中棒球隊當個教練」。

到了今天，仍留在球場上打拚的「松坂世代」日本職業棒球選手，只剩碩果僅存的兩位而已†。

換算成百分比的話，約為百分之五。

如此看來，像我這樣仍能繼續待在球場上奮鬥，真的是一件相當幸運的事。

但每每思及至此，我仍然會覺得相當不可思議。

為什麼一個「平凡的棒球少年」，日後能成為一名職業棒球選手？

為什麼我能比其他才華洋溢的選手們，在球場上待得更久？

為什麼一個普通的球員如我，能夠往那些「天才」們的境界靠近呢？

現階段我對前面這三個問題給出的假設性答案是——

練習。

若有人問，「請只舉出一點，你認為自己和其他選手的不同之處」，我的回答大概也會是「練習」。

話雖如此，我想強調的絕不只是「因為我比其他人還要加倍努力練習，所以才有今天的成績」而已。

＊編注：指日本早稻田大學棒球隊與慶應義塾大學棒球隊兩大勁旅之戰，慶應義塾大學則稱之為「慶早戰」。

†編注：另一位久保康友，目前效力於總德國聯邦棒球聯賽的漢堡神偷隊（Hamburg Stealers）。

「經過思考，再做練習」是我現在最放在心上的事。

反覆實踐謹慎又縝密的思考活動，是我一直不動聲色且持續在做的一件事。

當然，我沒有要否定「忘我地投入練習」的意思，我也曾經歷過埋首苦練到廢寢忘食地步的時期。

然而，要能讓平凡的棒球少年往天才選手的境界靠近，真正不可或缺的一環，還是我所提倡的「練習」。

我相信自己的觀點沒有錯，而且時至今日，我仍為了這個目標，持續挑戰。

在本書出版的二〇二三年四月，我已經進入不惑之年了。

四十二歲這個年紀，不論對一個棒球選手還是每個人來說，都是人生重要的節點。

我從二〇一八年球季開始到二〇一九年球季的這段時間裡，一直為肩傷所苦，所以有好長一段時間沒有待在陣中。

可以說，這段期間是我二十一年職業棒球生涯裡，在精神上最難熬的歲月了。

皇天不負苦心人，克服身體的傷痛後，我於二〇一九年日本大賽的決勝戰先發登板，並幸運成為這場比賽的勝利投手。我認為能夠贏得這場比賽的關鍵在於，自己是一個會「經過思考再進行練習的投手」。

如果過去的我是一個「不經思考就能投出『好球』的天才」，也許就無緣能夠再次站上這麼重要的舞臺了（當然，我無從得知自己是否能稱得上是一個天才，甚至連該如何定義自己也不清楚）。

正因如此，**我想利用現在這個時間點來回顧，有關藉由「練習」提升自我，以及「一邊思考、一邊練習」這件事的重要性**。

雖說本書不過是集結我身為一個投手的一家之言罷了。

但希望本書的內容，能對那些每天都想著如何「增進自己的實力」，不斷磨練個人技能的棒球愛好者有所助益。

同時對苦惱於「堅持現在的練習內容好嗎」、「到底『練習』意味著什麼呢」，以及「為什麼要做這種練習呢」這幾個問題的人，提供有意義的思考方向。若真能如此，實屬甚幸。

福岡軟銀鷹投手／背號21　和田　毅

和田毅視訊訪談Q&A

Q：對臺灣的印象為何？

A：我私下沒去過臺灣，只有和棒球相關的活動、比賽去過，但覺得臺灣的大家非常了解日本，也對軟銀鷹相當熟悉。一開始有點訝異，不知道為什麼大家會對軟銀鷹這麼熟悉，後來聽說臺灣有轉播軟銀鷹的比賽才明白。雖然是不同國家，但對棒球的熱情很相近，對這個部分留下深切印象。

Q：對臺灣棒球的印象為何？

A：滿積極的球風。臺灣選手體格都很好，雖然也有像日本一樣細緻的部分，但強而有力，比起日本，可以說更是力與力的勝負，這樣的球風在二〇二三年WBC也充分感受到。

另外，臺灣職棒的啦啦隊女孩們很有名，日本有很多她們的粉絲。棒球本身當然也是，但應援加油的部分也非常用心。

Q：既然提到啦啦隊，和田毅選手有沒有對哪位女孩特別有印象呢？

A：林襄在日本很有名，常出現在網路新聞，長得很甜美、可愛。雖然不知道是什麼樣的應援方式，但希望有機會可以去臺灣看看應援方式和臺灣的棒球。

Q：有沒有對哪位在日本打球的臺灣選手印象深刻呢？

A：曾經同隊的陳偉殷，對他印象最深刻。原本他在中日龍隊時就交手過很多次，後來成為隊友。他的日文非常好，去美國後英文也變得很好。他回日本加盟阪神虎，私下有訊息聯絡、交流。雖然除了他，也有很多很好的臺灣選手，但對我來說，因為一起度過的時間特別長，所以對他的印象還是最深刻。

Q：和陳偉殷在金鶯隊當隊友時，有沒有什麼特別的互動？

A：私下一起去吃過很多次飯，就像剛剛提到的，他除了日文很好，英文也變得愈來愈好，覺得他真的很厲害，頭腦很好。我完全沒辦法像他一樣把英文變好，但他一、兩年內就講得滿好的。看到他為了在美國發展所做的努力和準備，為了融入所做的一切，例如和其他選手的交流方式等，他會很積極、友善地去找其他選手聊天，我覺得要在美國打球，這個部分很重要，是我學習的對象。

Q：對於未來，有沒有設定達成哪些目標？

A：短期的目標是大概再完成二十六、二十七個投球局數，就能達到日本通算二千投球局數的紀錄，希望能盡快完成。還有最近幾年，季賽沒能投超過一百局，希望也能突破這點，並拿下超過十勝的成績。

Q：請和田毅選手對臺灣讀者說幾句話。

A：一開始聽說臺灣要出版自己的書，非常驚訝。不知道會有多少臺灣的朋友有興趣，覺得是個挑戰，也有點擔心。

不過能有這個機會，覺得很光榮。希望臺灣的朋友、有打棒球的朋友，有機會看看我的書。

書中棒球以外關於人生、生活方式的部分，希望大家可以從中找到一些對自己有正向幫助的內容。

目次

第1章 讓自己更接近「天才」的練習論

第2章 為了「勝利」，應該深思熟慮

第3章 磨練「心性」，要有決心

第4章 投捕搭檔的練習論

第5章 幫助別人成長，自己也會成長

第6章 練習，永不停歇

特別對談

本書內容以和田毅在「鑽石雜誌（線上版）」（ダイヤモンド・オンライン）的〈和田毅・我對練習的所思所感〉連載文章為基礎，進一步修改和擴充後成書。

第 1 章

讓自己更接近「天才」的練習論

知道「自己不比其他人優秀」是我的優點

01

PRACTICE

「與其他職棒投手相比，可以請你只舉出一個，和田毅贏過別人的地方嗎？」

每當我被問到這個問題時，都不太知道該如何回答。

這是因為具體來說，我很難簡單地說出自己的優點是什麼，也不知道我在哪裡勝過了其他人。

其實我的性格原本就比較偏「負向思考」，因此這個問題若改為舉出「沒有勝過他人之處」，反而容易回答。

首先，從身體能力這樣的物理條件來看，在職棒投手中，我大概處在中間偏下的位置。

對於肌力，我沒有自信贏過別人，而且在投手中身材算「小隻」，所以投出的球速自然不算快。

隊友中，有不少是屬於除了棒球之外，對其他運動也很在行的「運動萬能型」的人，但遺憾的是，我不屬於這種類型。

我不但對足球一竅不通，像網球或羽毛球這類會用到球拍的球類運動，也非常不在行。

我的腳程雖然不慢，但若以野手身分進入職棒，應該也不可能有實力去挑戰「盜壘王」這類頭銜。

雖然我認為自己「熱愛棒球」的信念比任何人都強烈，但換成其他職棒選手，相信他們也有相同想法吧！因此做這種比較沒有意義。

那麼，究竟和其他人相比，我在棒球上勝出的地方究竟在哪裡呢？答案似乎並不明顯。

儘管如此，到了二〇二三年，我的職棒生涯就要進入第二十一年了。

而且幸運的是，在職業生涯中，我獲得過「最多勝」和「最高勝率」等投手獎項。也曾被選為聯盟MVP和最佳九人，且在令人憧憬的大聯盟球場，站上投手丘登板比賽過。

上述內容讓我相信，自己應該確實有「過人之處」才對。順著這樣的思路來思考，針對本節開頭的問題，我會給出的答案是：「我不比其他人優秀。」

說得再精確一點應該是，**「知道自己不比其他人來得優秀」是我贏過別人的地方。**

正是因為了解到自己有所欠缺，才會認真地參與練習；正因為感受到自己仍有不足之處，所以我很能接受別人提出的建議。

就讀早稻田大學時，認識了土橋惠秀，從此改變自己的棒球人生。土橋不但大幅改進我的球技，還以私人教練的身分，一路支持著我的棒球生涯。不誇張地說，沒有他就不會有今天的和田毅。

或許正是因為我了解到「自己不比其他人來得優秀」，所以願意相信土橋的話——「和田，你的球速應該可以更快」，也因此收穫了豐碩的果實。

THINK!

因為接受了自己「沒有優點」，才開始進行「思考練習」。

02

PRACTICE

凡人成長的契機，始於接受「自己的才華並不出眾」

進入早稻田大學不久，東京六大學棒球聯盟的春季賽事開打了。

當時還是小大一的我坐在神宮球場三樓的位子，為自己的學校加油。

然而在其他大學裡，有些大一的投手竟然已經上場比賽。

例如慶應大的長田秀一郎、立教大的多田野數人、法政大的土居龍太郎等。他們都是當時已名聲在外、每個都能投出球速超過一四〇公里的投手。

但那時我的最快球速不過才一二七、一二八公里而已，而且要投出均速一二三、一二三公里的球，也得使出渾身解數才行。單純只看投球，我的力量遠不及他們。真要和那些人的隊伍比賽，恐怕毫無勝算。

「希望我升上大三、大四時，能在神宮球場的早慶戰出賽，哪怕只是登板投一局都好……」

這就是當時我為自己設定的目標。

目標設定得這麼小，個中原因當然和我可不想在大舞臺上出洋相有關，但與此同時，我也為這麼寒酸的夢想感到難為情。

過了不久，我認識了土橋，他是早稻田大學棒球社第一位「學生教練」。某天，土橋近距離看完我的投球練習後對我說：

「和田，我覺得你的球速還能更快。只要調整一下投球姿勢，投出時速一四〇公里的球，應該不是問題。」

乍聽土橋說這句話時，我只覺得他應該是在開玩笑。過了幾天後，甚至認為他可能在調侃我。

會有這種想法不奇怪，因為土橋說這句話的當天，才第一次仔細地看我投球，因此我不認為他是以認真的態度說出這句話。

這就像一個考生參加某間大學的模擬入學考試，雖然結果是「D判定」*，但別人卻告訴他「你的用功方法是正確的，之後一定考得上」一樣。

對投手來說，要徹底改變投球姿勢，絕非一件能等閒視之的事情。如果做得不好，可能導致身體受到傷害，對日後的棒球人生產生巨大影響。正因如此，大部分投手不太可能接受變更投球姿勢這樣的建議。

但如果不做任何改變，我也贏不了其他學校的投手……思及至此，原本已經接受技不如人的事實，設定好要取得教育學程的學分，大學畢業後到高中當個棒球教練的我，決定接受土橋提出的建議。

接下來的日子裡，我們兩人開始針對我的投球動作進行分析，並以運動力學為理

---

* 譯注：這個結果意味著該考生能夠考進該大學的機率低於百分之三十五。

論基礎，進行投球姿勢的修正。

沒想到這麼做之後，令人吃驚的事情發生了，成果以立竿見影的速度呈現在我們面前。我才剛調整投球姿勢，球速馬上提升不少。

更讓人感到不可思議的是，**短短兩個月後，正如土橋先前宣稱的那樣，我的最快球速已經超過時速一四〇公里了。**

回過頭來看，當初我能聽進土橋的話，真是做了無比正確的選擇啊！

如果那時的我是一個能投出球速在一三七、一三八公里的投手，恐怕就很難採納土橋的建議了。

然而正是因為我體認到「自己仍有許多不足之處」，才能聽進「學生教練」土橋的一番話。或許這就是「沒有東西可以失去的人的優勢」這句話要傳達的意思吧！

「我不比其他人來得優秀。」

因為接受了這個事實，讓身為一名棒球選手的我，獲得飛躍性地成長。大學的這次經歷，大大地改變了我日後的棒球人生。

THINK!

既然不擔心失去什麼，就把「能夠坦率地接受別人的建議」當作自己的武器吧！

正因為身為「松坂世代」的一員，所以我一直都很謙虛

03

PRACTICE

每當和別人提到「我覺得自己對棒球沒有特別的才能」時，多數人都會回覆我：

「怎麼可能，你肯定很有天賦啦！」

的確，我在濱田高中（島根縣）二、三年級時，都曾到甲子園參加比賽。對其他人來說，能踏上全日本高中棒球選手嚮往的甲子園球場，並站在投手丘上投球，確實能讓一個人產生「我應該還挺有實力的」這種自信。

然而，高三時的夏季甲子園大賽，反而讓我深刻體會到自己的不足之處。

熟悉日本棒球的人應該知道，**我是在棒球界中被稱為「松坂世代」的其中一員**。這個世代的名稱不用說，源於松坂大輔這位選手，但除了松坂之外，還有杉內俊哉、新垣渚、村田修一、藤川球兒、久保康友，以及在本書最後和我進行對談的館山昌平等豪華陣容。和我同一個學年的這些選手，每一位都大有來頭。

日後和我同為軟銀鷹隊友的杉內俊哉（鹿兒島實高），和我一樣是左投手，但不同的是，他在高中時就已經備受矚目，並留下不少傲人的紀錄。夏季甲子園的第一戰，和八戶工大一高的賽事中，他投出無安打比賽。

然而杉內卻在第二戰與橫濱高中的比賽時，以〇比六敗下陣來，甚至還被松坂從手中打出一支全壘打。剛在上一場投出完全比賽的投手，卻在下一場比賽中失掉六分，真是令人難以想像。

那年夏天球賽的結果大家都知道，由松坂領軍的橫濱高中，經過和ＰＬ學園與明德義塾等厲害的隊伍捉對廝殺後，獲得夏季甲子園的冠軍。

雖然我的高中在那一年幸運地打進前八強，但我可是一點都高興不起來，因為看到這些高手們的比賽後，**了解到彼此之間實力的巨大懸殊**。

以松坂為首，在比賽中頭角崢嶸的選手們，在高中畢業後紛紛進入職棒的世界。

進入大學後，雖然我以能夠具有和參加六大學棒球賽的對手們比肩的實力，做為努力的目標。但這些被我當成努力目標的選手們，若從高中時是否有職棒的人來「打招呼」這件事來看，與當年在日本職棒選秀會中被以第一順位挑中、風光進入職棒界的松坂相比，都只能算是「次級」選手。

相信讀者們看到這裡應該不難想像，我和同一個世代中頂級棒球選手之間的實力差距有多大了吧！

我原本就是一個負向思考的人，看到同年級中竟然有那麼多高手，會沒有自信也是理所當然的了。

要是高中時我誤以為能到甲子園比賽，即表示「自己還滿有實力」的話，升上大學後，或許就很難坦率地接受土橋對我提出的建議了。而如果沒有採納土橋的建議，也不會有今天站在職業棒球場上投球的和田毅了。

自己仍有許多不足之處。

正因為身邊存在著許多球技高超的夥伴，我才能不忘保持謙虛的態度，至今仍以身為「松坂世代」的一員而感到幸運。

THINK!

周遭的人都是「身懷絕技的高手」，其實也不是件壞事。

好的練習應該是「目的×習慣」

04 PRACTICE

職棒選手中，我已經是被歸類在「大前輩」裡的人了。

今天，不管我再怎麼努力練習，大概也無法投出時速超過一五〇公里的速球。做為一名棒球選手，從身體機能面來看，我已經不太能夠期待有成長的可能性了。

儘管如此，對於棒球，我依然時刻不忘要「提升自己的實力」或「希望能在球場上表現得更好」的想法。

但實際上在很多地方，經常會讓我感受到身體機能的衰退。例如一些過去在無意識的情況下會用到的肌肉，漸漸地開始不好使了。

而當肌肉的彈性和柔軟度逐漸衰退後，隨之而來的是在球場上受傷的風險也會提高。

雖然我確實多少能感受到身體機能不復從前，但若從一個投手整體的綜合能力這一點來看，自己倒是有繼續站在投手丘的自信。

而且和同一個世代的職業棒球投手們相比，我自認為在「抗老」這件事情上，做得比其他人好。

從踏入職業棒球界的第三、四年起，練習時，就已經有意識地把「十年後的自己」這個想法放在心裡，尤其注意有關神經系統的運作和肌肉的柔軟度。

相信這也是為什麼我能在入行的第二十一年，亦即二〇二三年的球季，還能站在投手丘上的原因。

對於「練習」這件事來說，最重要的莫過於有沒有「把目的搞清楚」。

目前自己所做的練習，對提升個人實力有幫助嗎？

還是說這個練習是用來維持當下的身體狀況呢？

又或者，這是為了將來所做的練習呢？

不論是從事跑步、體能訓練（Physical Training）、對鏡練習（Shadow Pitching）*

＊譯注：投手面對鏡子，以手上握著毛巾（也可以握著球或空手）的方式模擬實際投球的情形，這種練習可以用來確認或調整投球姿勢。

還是牛棚練投，依據「鎖定目標」的不同，練習的意義自然大不相同。

練習時如果沒有明確「目的」，就算一個人練了幾萬次、幾萬個小時，也很難看到進步的成果。

我有時會被問到這樣的問題，「話雖如此，但難道和田投手沒有對練習感到厭煩的時候嗎？」

事實上「職業棒球選手」和「練習」脫離不了關係。

若想延續自己的職棒選手生涯，練習就是「每天理所當然要去做的事情」。

其實職棒選手的練習，和一般人每天在無意識中做的「例行公事」沒有兩樣。

我們每個人早上起床後都會洗臉。

每天都會吃飯、刷牙、洗澡。

會騎著自行車去學校或搭電車到公司上班。

睡覺前會看看書。

大家不妨想像一下，棒球選手只不過是在這些日常生活的例行公事中，加入了「練習」這個項目而已。

我想應該不會有人站在洗手臺前，心裡卻嘀咕著：「唉，怎麼又要刷牙了……」是吧。

我面對練習的態度也是如此。

像「唉，今天要進行肩膀訓練啊」這種情緒基本上不會出現。

腦海中只有「今天要進行肩膀訓練」、「明天是做體幹訓練」，如此而已。

在我體內，練習早已「習慣化」了。

然而正因為習慣化，反而有特別需要留意的地方。

在練習成為一種習慣後，如果只是例行公事般加以執行，就失去原來的意義。就像「刷牙」雖然是大家每天都要做的「日課」，但在刷牙時，我們應該意識到什麼是刷牙這件事的「目的」。

好的練習可以用「目的×習慣」這個公式來表示。

少了「目的」或「習慣」任何一樣，練習的效果都會大打折扣。

正因如此，我每天進行的練習，都會配合想要達到的目的而調整內容。

例如「重量訓練」是為了鍛鍊身體機能所做的練習。

而在牛棚練投則是為了提升投球技術的練習。

除了身體的練習外，還有心理層面的練習，我認為甚至就連分析對手的數據資料，都可以視為練習的一環。

但不論是哪一種練習，背後都有相同重點，就是**我們應該時刻不忘「自己是抱持**

著要達成什麼目的來執行這項練習」。

就算每個人都知道要在每餐飯後刷牙，但如果刷得很馬虎，還是可能導致蛀牙發生。

因此就算是單調練習，如果是以漫不經心的態度執行，也很難期待能得到想要的效果。

THINK!

動起身子時，也不忘做這件事情的目的。

05 PRACTICE

「練習是不會背叛自己的」，我認為這句話有些值得商榷之處

儘管我已經把每天的練習都習慣化了。

然而在漫長的球季中，要想始終維持在一定的狀態下，其實並非易事。

有時還會出現「今天不知怎麼了，身體懶洋洋的，動不起來」這樣的日子。

遇到這種情況時，我是如何做到重新燃起對練習的熱情呢？經過個人分析後，我發現自己對練習的熱情，主要有「兩個因素」在背後支撐。

其一是**「由成功體驗所產生的喜悅」**。

大學時為了提高球速，我和當時球隊的教練一起思考如何改善投球姿勢，以達到這個目標。從結果來看，我的球速從本來最快為一二〇多公里，短短兩個月後，竟然進步到超過一四〇公里。

就算現在回過頭去看，我依然很難相信當時的做法竟然能為自己帶來這麼飛躍性地成長。

當時的棒球練習對我來說充滿樂趣，究其原因在於只要我投入多少，就能收穫到與之相應的成果。

- 大一的夏天進行投球姿勢改造，球速立刻獲得提升；
↓
- 大一的秋季棒球聯賽中，發現球速提升後，自己投球的續航力卻不太夠，因此在冬天加強跑步訓練；
↓
- 投球的續航力上來後，配合提升的球速，展現出協同效應；
↓
- 當已經能夠輕鬆應付現行的練習後，調整為難度更高的內容。

經過前述這樣不斷練習積累，到了大三那一年秋季的聯盟賽事結束後，原本性格較為保守內向的我，**也獲得「我的投球應該已經足以壓制大學生等級的棒球選手了」**

這樣的自信。

現在回過頭去看，大學時期的經驗，的確在很大程度上改變了我日後的棒球人生。

只要勤於練習，就會有所成長。我以自身的經驗，實際體會到一句流傳於運動界已久的格言——「練習是不會背叛自己的」。

然而在這裡，我希望大家要注意，這句話的內容本身其實存在著有待商榷之處。

進入大學前，我一直以自己的方式在棒球上努力，絕無偷懶怠惰之事，儘管如此，仍沒有看到實際的成績。

大學時代的我之所以能實現飛躍性成長，究其原因在於，自己是在明確的意識下執行「有意義的練習」。

只要用的方法不對，練習也有可能背叛自己的。

說的再精確一點，這句話應該改為**「有效果的練習是不會背叛自己的」**才對。

支持我對於練習保持熱情的第二個因素，來自於**「對失去的恐懼感」**。

我在前文中已經提過好幾次，自己原本只是一個極為普通的投手，但有幸能在大學遇見優秀的教練，才能在球技上大幅度成長。

我認為這件事若只靠個人力量，絕對無法實現。優秀的教練為我挖掘出隱藏在體內的潛力，並讓它能以接近百分之百的程度展現出來。

平心而論，**「職業棒球選手．和田毅」其實就是一個經由人工雕琢所完成的「作品」**。

「和田毅」是在空無一物的空地上，用「練習」這個材料逐步堆疊起來，最終完成的一個「人造物」。

我認為這一點，或許是自己和其他職棒選手之間最大的差異之處。當然，我的意思不是說其他選手沒有認真參與練習。相反的，絕大多數選手無不付出超乎常人的努力磨練球技。

THINK!

只要用錯方法，練習也可能會背叛自己。

過去，當我還是一個普通的棒球少年時，眼中看到的職業棒球世界，絕非一群「未經雕琢、渾然天成的人」能夠昂首闊步的地方。

因此我總是惴惴不安地提醒自己，「如果不好好努力練習，好不容易才完成的作品，很有可能會像魔法遭到破解一樣，瞬間被打回原形」。

對於那些天賦異稟的職棒選手來說，他們或許不太能理解我的感受吧！

為了要讓「職業棒球選手・和田毅」繼續站在球場上，我每天無不懷著忐忑的心情，繼續執行我的練習。

弱點可以變強項

06

PRACTICE

職棒的世界裡，有好幾位和我完全不同類型，屬於「天生才華洋溢的選手」。

例如和我同年且過去曾是同袍隊友的新垣渚，就是典型的天才棒球選手。他那超過一五〇公里的直球和角度變化刁鑽的滑球，都是其他選手很難望其項背的武器。

到底要怎麼投才能讓球產生這麼大的變化呢？有一天，一心想要解開這個祕密的我跑去問阿渚是怎麼投滑球的。

直到今天，我依然沒有忘記，當時他的回答有多麼令我感到震驚。

「原來小毅要問我怎麼投滑球啊……只要這樣握住球，然後『嚇！』地旋轉它就可以啦！」

阿渚手握著球，同時讓我看他的手腕如何旋轉。

說真的，當時我看了阿渚的示範後，腦海中的感想只有「天啊！這是我模仿不來的投球動作」。

職棒的世界裡，存在不少有關天才選手的奇聞軼事，例如「某個投手只用手指夾著球試著投出去，結果就發明出指叉球」、「某個投手在比賽中，直接用過去不曾投過的變化球來應戰」。

但就我來說，光是練習如何投出滿意的滑球，就花了整整兩個月。從學習怎麼投變速球，到實際應用到比賽上，需要一整年努力不懈的練習才行。

和其他職棒投手相比，我在身材上明顯不具優勢，動作「靈活度」更是輸人一籌。

對於那些僅憑直覺就能簡單掌握如何投出犀利變化球的選手，我真的只能佩服、羨慕他們的天賦而已。

但與此同時，我也切身感受到，**唯有透過努力練習後所學習到的技術，在某種意義上，才是屬於自己貨真價實的東西。**

我不是因為贏不了其他人才有這種想法，而是發自肺腑的真心話。前文中曾說過，和田毅是在一片空無一物的土地上，藉由堆疊「練習」這個材料所創造出來的「作品」。雖然完成這個作品得花不少時間，但每一個材料都夯得很紮實，所以基礎打得很好，不容易出問題。

反之，**只靠天賦築起的地基就很脆弱，且容易崩壞**。我們經常可以看到，有些選手雖然能在短時間內掌握一門技術，但只要遇到身體狀況不佳時，就會出現很難做修正的情形。

在我逐步積累練習這個素材的過程中，和其他天才型選手相比，雖然經歷過不少失敗，但也正因如此，我擁有不少能夠治療這些問題的「處方箋」。

今天，有後輩問我關於投球動作的問題時，我都可以從這些處方箋中，挑出對症下藥的建議。

經由辛勤努力練習所學習到的技術，絕對有其價值。
「不夠靈活」是身為職棒選手的我，少數幾個可以拿出來分享的「長處」。

THINK!

「透過辛勤努力練習所學到的東西」才具有「再現性」。

一定會遇到低潮期，所以需要練習

07

PRACTICE

對從事棒球運動的一般人來說，練習的目的基本上是為了增進球技。

但職棒選手的練習和一般人有點不一樣。

例如「透過增加跑步量提升耐力」或「把新學到的變化球投得更好」，這類「為了自我成長所做的練習」，職棒選手通常會在球季結束後到春、秋訓的這一段期間內進行練習。

而在長達七個月的球季開始後，待在球隊一軍的選手，大多數的情況下都會把時間用在「維持」體能狀態和球技上。

像我這樣的先發投手，原則上每個星期都有站上投手丘投球的機會，所以登板日以外的練習，基本上都用於「為了下一次出賽所做的調整」。

對職棒選手來說，能做到順利切換練習模式是再好不過的事，然而事情卻沒有那麼簡單。漫長的球季中，疲勞會不斷累積在體內，身體狀況也會如波浪般出現高低潮的情形。

想當然，如此一來肯定會對職棒選手們的表現帶來某種程度的影響。**對包含本人在內的棒球投手來說，最棘手的事情莫過於投球姿勢「跑掉」。說得更具體一點，應該是投球姿勢出現些微變化。**

實際上，投手有時會出現明明覺得自己是用相同感覺和姿勢投球，但姿勢卻和正常情況下不一樣的情形。

相信應該有讀者會想知道，遇到上述情形時，投手會如何自我「修正」，其實修正方法沒有一套標準流程可循。

「透過看錄影找出姿勢跑掉的地方，例如手腕的位置如果太低，下次投球時就提醒自己把手腕抬高些，修正應該沒那麼難吧！」

這是不少人腦海中對「修正」的想像。

然而現實中，一個投手要從跑掉的投球姿勢調整回原本正確的姿勢，遠比簡單一句「把放低的手腕抬高些」要困難許多。

困難的原因在於，投手一直以為自己是用相同方式投球，殊不知在不知不覺間，手腕的位置卻變低了。此時，投手如果硬要記得投球時把手腕抬高，反而可能造成投球姿勢全部跑掉。棒球投手的「投球姿勢」就是如此細膩。

那麼我是如何修正自己的投球姿勢呢？

接著讓我向大家具體說明。

我會把自己的投球姿勢分成好幾個「需要檢視的重要組成步驟」。

假設投球有「十個」步驟，投手在完成投球姿勢的過程中，最重要的就是要確認自己是否在完成步驟一之後才進入步驟二，是否在完成了步驟二之後才進入步驟三。

對一個職棒投手來說，他必須時時讓自己處在能完成到第十步驟的狀態，才能站上投手丘。

但在球季中，投手不一定總能讓自己保持在這種狀態下。遇到出問題的情況時，**我會重新回到步驟一來找出可能的原因**。

投球姿勢好像怪怪的，先來看看步驟一有沒有問題；

←嗯，步驟一沒有問題；

←接著檢查步驟二；

←好像也沒有異狀；

←接下來檢查步驟三……

照這個流程繼續進行，離找出問題的原因就愈來愈近。「喔！原來是步驟五沒有做好，才導致姿勢跑掉啊！」確定問題出在哪裡後，接下來就是以「好好安排步驟五的練習」來做修正。

我是經歷過多次投球姿勢出錯與修正後，才逐步建立起這樣一套「修正重點」流程。

從大學時期「砍掉重練」投球姿勢以來，到進入職棒界迄今，這套流程已經歷過無數次的打磨了。

而正因為在這個過程中，我反覆遭遇過多次失敗，現在才能以自己所熟悉的方式，來掌握修正投球姿勢的重點。

THINK!

就算真的「做到了」，也不忘分析「自己能夠完成這件事的原因」為何。

「能力超群」的人身上所具有的危險性

08
PRACTICE

這個世界上，有些人對料理極具天賦，只需備好材料，就能僅憑感覺做出美味可口的蛋糕。

然而可惜的是，我是那種一定要看著食譜，從第一個步驟開始按部就班來製作蛋糕的人。

如果問各位讀者想成為哪一種人，我想大部分毫無懸念都會選擇「前者」吧！

但這裡讓我們來思考這一種情況。假設要做的雖然是同一款蛋糕，但每次完成後味道都不一樣，該怎麼辦呢？

遇到這種情況時，憑天賦就能做蛋糕的人，應該會挺慌張的吧！

這是因為他不具備**能夠找出「到底是哪裡出問題」的技巧**。

當然，天賦異稟的料理達人或許可以藉由添加新食材，讓蛋糕變得比原始版本更好吃也不一定。

但嚴格來說，這種蛋糕就不是「原來的蛋糕」了。

說白了，**這就是欠缺「安定感」的表現**。

與料理高手相比，我雖然沒有他們的天賦，但手上卻有「食譜」。當製作蛋糕的過程中發生問題，我可以藉由回頭翻看食譜，找出犯錯的地方是少放了點糖，還是某個步驟的攪拌次數不夠。

事實上，對棒球投手來說，修正投球姿勢是相當複雜的作業。做不到步驟十的原因可能出在步驟五；而之所以無法完成步驟五，可能是因為在步驟二出了問題。我們經常可以看到很多案例中，造成投手手腕位置變低的真正原因，源自於下半身的動作。

然而，就連專業的投手或教練，要揪出真正造成投球姿勢跑掉的原因，也不是一件簡單的事情。

儘管如此，我可以利用逐一確認投球姿勢的每一個步驟來進行修正，藉此找出問題的根源在哪裡。

能夠循序漸進地對問題進行修正，對謀求「安定結果」的專業人士來說，不啻是一項自己可以運用的強大武器。

具有極高天賦，能夠不斷推出新口味蛋糕的西點師傅，其能力固然讓人欽羨不已。然而，若是從長期經營一間蛋糕店的角度來看，如何維持住「老顧客們喜歡的味道」也相當重要。

就算一間蛋糕店每年都會推出新產品，可是蛋糕的品質和口感卻容易出現明顯落差，那麼這間店大概很難獲得消費者青睞。

我認為這一節提到的「食譜」思考法，用於提供其他人建議時，也能派上用場。

每年球季結束後，我都會舉辦「少年棒球教室」。活動過程中，我會提醒自己，不要直接對孩子們提出類似「把手腕提高一點會更好」或「手肘的位置有點低」這樣的指導建議。

這是因為我曾經歷且了解當自己被身邊的人指出投球動作哪裡有問題後，就算是小朋友，當他下次投球時，也能大概意識到自己手腕的位置是否太低了；但具體來說，他不知道的是「提高手腕的方法」。

換句話說，**讓他感到困惑的是如何做好「前一個步驟」，以避免出錯。**

了解到這一點，所以我會向孩子們提供的建議，通常會是「包含原因在內的修正」。例如「你看，就是因為這裡太用力了，手腕才很難抬上來」或「只要想著把手腕伸得遠一點，手肘自然就會升高嘍」。

大部分情況下，如果我們只針對犯錯或出問題的地方進行修正，結果往往不盡如人意，成效欠佳。甚至還可能出現明明剛調整好，卻又立刻犯下相同錯誤。或是因為注意力過度集中在需要調整的地方，結果反而犯下不同錯誤。

以追本溯源的方式找出犯錯原因，並對問題所在加以修正，這才是真正意義上的「解決問題」。

THINK!

出現問題時，不妨試著把關注焦點放在問題發生的「前一個狀態」。

第2章

為了「勝利」，應該深思熟慮

09 PRACTICE

丟掉無謂的堅持，「自然體」才是最強狀態

對像我這樣的職棒選手來說，球季中每一天所做的調整，或者說「棒球以外的日常生活要怎麼過」，也不能馬虎。

二十幾歲時，棒球幾乎占據每天的生活，我相信將全身心奉獻給棒球是正確無誤的選擇。

「做什麼才能讓比賽獲勝」是我當時生命中唯一追求的目標。

為了能夠在比賽時集中精神，上場前一天和當天，我盡可能不和其他人交談。因為聽說睡眠品質會影響比賽結果，還特別訂製個人專用的枕頭。

睡前，為了能擁有一段躺在床上，回顧自己這一天狀況的時間，連寢室也和家人分開。

當然，比賽當天的行動也早就決定好了。

進到球場後，首先我會去淋浴，接著連要在什麼時刻換上球隊制服，也是以分為單位，於事前做好規劃。

接下來這件事，或許大家會認為不過是迷信罷了，但只要我持續贏球時，就不會改變自己前往球場時所走的路線。

總之，不論上述哪一種行為，都是過去我為了能在比賽時集中精神、獲得勝利果實所做的努力。**然而從某個時期起，我開始修正這種極端的思考方式**。

這件事的來龍去脈還得從我在美國時的經歷開始說起。

有關注職棒的讀者應該知道，我在二〇一二年、三十一歲時，曾加入美國職棒大聯盟的球隊。

然而剛到美國不久，我的手肘馬上出問題，結果包含復健在內，有好長一段時間，我都待在小聯盟。

對當時的我來說，在小聯盟看到的事情都非常新鮮。

例如在小聯盟的更衣室，你看不到任何一位選手像年輕時的我一樣，對很多小事都繃緊神經。

小聯盟選手看起來相當自由，但等到我仔細觀察一陣子後才了解到，為什麼他們會對很多小事一點也不在乎。

由於小聯盟選手不知道自己什麼時候會突然被升上大聯盟出賽，為了能夠隨時應付這種情形，**他們根本沒有心思把時間花在「為了贏球所做的例行公事」**。

但這不是說小聯盟選手不想贏球，相反的，正因為他們把勝利當作唯一目標，才會對和「目標」沒有關係的一切事物視而不見。

舉例來說，日本職棒選手在每場比賽前，把洗得乾乾淨淨還用熨斗燙過的球衣放在更衣室裡，是再普通不過的事情。甚至連運動緊身衣和棒球襪，都整整齊齊地擺放在一起。

但在小聯盟的更衣室裡，你很容易就看到「喔，這個有洗和沒洗好像沒有差別」的制服，甚至用來做為備用的球衣，也皺得像鹹菜乾一樣。

有時發現沒有成雙的棒球襪也不是什麼新鮮事，遇到這種情況時，選手們會到洗衣房裡隨便找個也沒成雙的棒球襪來湊合著使用。如果兩隻襪子長度不一，就用剪刀大概裁剪後加減穿。

如果在日本，比賽當天，我甚至還會分別準備練習用和比賽用的運動緊身衣和棒球襪。因此當我親眼看到小聯盟的情況時，真的是驚掉了下巴。

另外在日本，如果打者不希望自己上場時擊出「飛球」（fly，フライ），用餐時會盡量避免吃油炸（fry，フライ）食物。

但對美國人來說，fly和fry根本是不同單字，所以棒球選手們在比賽前，可是毫無心理負擔地大啖炸雞的喔（笑）。

長時間在美國這種棒球環境下生活，讓我開始意識到，自己過去的思考方式是多麼沒有意義又折騰人啊！

而這成為刺激我重新省思，什麼才是為了贏球真正應該要做的事情。

二〇一六年，當我回到日本棒球界後，開始有意識地在私生活中，不再去做那些過去所堅持的事情了。

例如我只留下「訂製枕頭」，以及上場比賽前聽音樂以維持專注力，這兩個不會對自己造成負擔，且「不可或缺」的物品和習慣而已。另外，如何讓自己的生活過得輕鬆自在，也成為優先考量的事項。

和過去相比，現在的我不會再花心思去考慮無關緊要的堅持，反而能把注意力集中在「真正必要的練習」上。與此同時還能維持「享受棒球帶來的樂趣」，這個對所有棒球選手來說是最為重要的命題。

這個世界上沒有不渴望「勝利」的職棒選手。

但為了追求勝利去做令人感到匪夷所思的「堅持」，卻可能帶來反效果。

以我為例，**維持現在這樣的「自然體」，反而在精神層面上更勝從前**。

我相信，面對該以什麼樣的方式來和自己的「堅持」取得平衡時，每個人給出的回答肯定不一樣。對我來說，或許要等到從棒球界引退後，回過頭檢視自己的職業生涯時，才有可能得出一個明確而終極的答案吧！
但無論如何，與「過去的自己」相比，毫無疑問我更喜歡「現在的自己」。

THINK!

重新回過頭檢視自己是否被「沒有意義的堅持」給綁住手腳了。

PRACTICE 10

「棒球動態追蹤系統」提供的數據，徹底改變過往的練習

棒球經常被認為是一種「數據的運動」。打擊率、打點、防禦率、奪三振數……選手們的表現都可以用數字呈現，而數字經過積累後就成為資料。

相信棒球迷們應該知道，近年來選手們的資料在棒球界愈來愈受到重視。職業棒球裡，有些被稱為「感覺派」的選手，較不重視這些資料，**但我倒是很看重這些資料所提供的訊息**。

身為一名投手，每次上場比賽前，我都會事先看過並記住對手的打者和打線的相關數據。

「這個打者通常不會第一球就揮棒。」

「這個打者前一次在這樣的好壞球數下，被○○球解決掉。」

「這個打者最近五場比賽的表現相當火燙。」

我會以從記錄員那邊得到的資料為本，和捕手討論比賽時該如何配球，所以上場前，一定會先透過閱讀部分的數據資料來掌握對手狀態。

過去，日本棒球界對於應用資料分析來掌握比賽對手的「傾向」，還相當罕見。但若從賽前準備的角度來看，這樣的資料分析其實應該被視為練習的一環才對。

有意思的是到了最近，**已經出現對選手們平日的練習也能帶來實際效果的資料**。我所說的就是目前已陸續導入日本球界，利用「棒球動態追蹤系統」（Trackman）這套「彈道分析儀器」測量到的數據資料。

「棒球動態追蹤系統」能夠測量棒球在轉動狀態下的移動速度，並由此計算出球的運行軌跡。

對投手來說，知道自己的球速有多快固然重要，但除此之外，「棒球動態追蹤系統」還能測量到球的迴轉速度和迴轉軸的方向，讓我們可以透過三次元座標來掌握投手投球時的「放球點」（Release Point，棒球離開指尖的位置）。

直到近年為止，放球點較靠近打者的投手，通常會用「持球的感覺很好」這種語言表現來描述自己的投球。

但使用「棒球動態追蹤系統」測量後，就能得到具體的數值。

就連「球很會跑」這樣的語言表現，也能藉由「棒球動態追蹤系統」偵測到的迴轉速度和迴轉軸的方向來加以說明。

「棒球動態追蹤系統」導入棒球界之前，能夠用於客觀描述投手投出的球的數值，就只有測速槍所測到的球速而已。

過去，投手如果想要練習新的變化球，只能透過不斷練習來「感覺自己好像愈投愈好」，但實際上這種感覺卻缺乏能夠加以實證的方法。

就算和投手搭檔的捕手對他說：「你投得很不錯喔！」也很難用更具體的描述來加以說明，到底投球內容是哪裡不錯。

藉由上述內容，讀者們應該可以了解到，**能夠把「感覺」化為實際可見的數據，對棒球選手來說，能帶來多大的幫助了吧！**

舉例來說，要是拿「棒球動態追蹤系統」對不同變化球進行分析，就能掌握住「當球的迴轉軸是這樣時，變化幅度會比較大」的基準。

只要擁有利用「棒球動態追蹤系統」測得的數據，投手就能自己下功夫對迴轉軸的傾斜進行調整，接著再透過練習，讓投出的變化球更接近自己想要的樣子。

從選手的角度來看，建立起「能夠使用數據資料做為練習依據的環境」，堪稱棒球界的一大革新。

至少對和我抱持相同思考方式練習的選手來說，都覺得能夠從這些數據資料中，挖掘出無數可能性。

THINK!

把數據資料當成「照見自己的一面鏡子」來使用。

資料可分為「縱向比較」和「橫向比較」

11

PRACTICE

我開始留意透過「棒球動態追蹤系統」所測得的數據，始於二〇一七年動完手肘手術後的復健期間。

那一年，軟銀鷹隊已在位於福岡和築後市的二、三軍練習場，導入「棒球動態追蹤系統」，這也是我對這些數據資料產生興趣的契機。

之後我以「縱向比較」和「橫向比較」這兩種方法來活用蒐集到的數據資料。

所謂「縱向比較」指的是，拿「過去自己」的資料來做分析比較的方法。

舉例來說，我會從自己能夠投出的球種中，挑出「變速球」的相關資料，試著比較一下，自己投出什麼樣的變速球時能夠壓制打者，而又是什麼樣的變速球容易被打者掌握。

藉由這種比較能夠幫助我了解到，原來會被打者擊中的變速球，問題是出在迴轉軸的方向不好，或是放球點的位置不佳所造成的。

知道什麼樣的變速球容易被打者咬中後，我會把這件事放在心上，想辦法透過練習來提高投出理想變速球的比例。

更進一步，我會讓身體記住投出理想變速球時的感覺。

當我進行提高變速球精度的練習時，棒球動態追蹤系統提供的資料，發揮了相當大的助益。

另外，假設在某場比賽中，我的投球在第六局時，相繼被對方的打者打擊出去，我也會在比賽後，把該場比賽第五局和第六局的資料調出來做比較。

「原來從第六局開始，放球點就變低了啊！」

「比賽中雖然沒有注意到，但會出現這種狀況，可能和疲勞的累積有關。」

藉由像這樣對數據資料進行分析比較，可以找出過去沒有意識到的問題。

只要可以發現問題出在哪裡，就能擬定好因應對策，「嗯，下一場比賽當局數進入到中段，得時刻注意放球點的位置才行。」

今後，每一位職棒投手如果都能以上述這種方式練習，出現類似「賽前在牛棚練投時明明還挺好的，但不知道為什麼，一上場卻被打得這麼慘」的機率，應該會大幅下降才對。

有時當一個投手覺得自己的狀態很好，有可能純粹只是疲勞沒有積累在身上，實際上投球的內容或許並不理想。

如果登板前，能在牛棚用儀器測量自己的投球，一旦發現測得的數據不佳，就能減少讓投手誤以為自己「今天的狀態很棒」的機會。

進一步來說，還有機會能於正式上場前，在牛棚裡針對發現的問題加以修正調整。

能夠透過具體數字認識過去在理想狀態下的投球內容，對一個投手來說相當重要。

另一個活用數據資料的方法，我稱為**「橫向比較」**。**這是拿自己的數據和「其他選手」進行分析比較的方法。**

「棒球動態追蹤系統」於二〇一四年首次導入日本棒球界，而第一個設置這套系統的地方，是東北樂天金鷲隊的主場。

從那之後，引進這套系統的日本球隊逐漸增加，時至今日，除了廣島東洋鯉魚隊之外，其他十一支球隊的主場都已經配置「棒球動態追蹤系統」了。

事實上，利用「棒球動態追蹤系統」測得的數據資料，是擁有這套系統的十一個球隊都能共享的。也就是說，我不僅能看到同隊隊友的數據，還能和其他球隊球員的數據做比較。

因此，像我就會把其他球隊王牌投手經「棒球動態追蹤系統」測得的數據調出來，和自己的數據比較一番。

例如，測量我所投出的滑球後會發現，和別隊的另一位左投投出的滑球，「迴轉軸的方向」和「放球點的位置」都非常接近。

而這位左投的滑球在當時的日本棒球界裡，被認為無人能出其左右。

了解到自己投的滑球和「最高水準」的滑球還挺接近的，所以「我的滑球投法，應該沒有什麼大問題才對」這個假說可以成立（當然，不論在球的迴轉數和球速上，對方的滑球都在我之上，所以從結果來看，我和他所投出的滑球，在移動軌跡上其實存在著不小差異）。

說實話，我還挺喜歡做「橫向比較」這種外人看起來有點枯燥的事情。

棒球動態追蹤系統導入棒球界之前，對於知名投手，過去我們只能看過他們投球後，由衷地發出：「太強了！」這樣的讚嘆而已。

但有了可供比較的數據資料後，讓我開始思考，「其實只要能提升這個數值，或許我的投球也能愈來愈接近那位投手也說不定」。

有了這種想法後，我實際在牛棚練投時會多花點心思，來檢證自己的假設是否正確。做這種事情，令我感到相當愉快。

上述的思考方式，對於非職業的棒球選手來說，一樣能帶來效果。

例如，一個高中生棒球投手若拿自己所投的直球迴轉數，來和樂天金鷲隊投手則本昂大相比，就能清楚認識到高中生和頂級職棒選手之間的實力差異了。

這種比較是有意義的，這麼做之後，能讓該名高中生在心裡燃起「總有一天，我也要投出像則本昂大那樣的球」的鬥志。

對於認清自己和別人的「差異」在哪裡這件事，我抱持肯定態度。差異愈明確，對於我們設定希望透過練習達到目標時，也會更加容易。除此之外，還能發揮激發「我要更努力」的向上心。

THINK!

用「數字」認識對方究竟「厲害」在哪裡。

想提升「球感」，就得活用「數據」

12

PRACTICE

近年來，由棒球動態追蹤系統測得的數據資料，在日本職業棒球界裡的重要性愈發顯著。

有鑑於此，各球團無不新設像是「數據資料分析室」這類單位，並積極招聘具有數據分析能力的分析師。

然而在這種情況下，卻產生一個必須解決的問題。

就是不太重視數據資料的「感覺派選手及教練」和「做數據資料分析的分析師」之間，存在著溝通不太順暢的問題。

分析師的工作主要是從測量到的數據中，挑出真正有用的部分，對其進行球員的傾向等分析。從事這份工作所需的能力，和實際參與棒球運動的經驗沒有絕對關係。因此經常會出現，當缺乏實際棒球經驗的分析師，拿著數據向感覺派的選手和教練說明時，後者心裡想的卻是「只看這些數字，怎麼可能了解棒球是怎麼一回事」。

我認為遇到這種情形，如果能向感覺派的選手和教練們展示「縱向比較」的資料，應該會比較容易取得他們的信賴。

「和過去相比，你的這個數值有增加。」

「但另一方面，這個數值卻降下來了。」

「所以需要加強這方面的練習。」

只要分析師能像右邊這樣改變表達方式，相信重視「職人感覺」的選手們，一定會變得比較容易接受這些數據。

反之，如果分析師讓選手看的是「橫向比較」的資料，**就是把其他選手的數據拿來做比較，提出的建議就比較難被採納了。**

這是因為實際上，數據資料無法呈現出一個投手投球的全貌，當我們比較兩位投手的投球內容時，數值較佳的那一位，未必就能留下好成績。

正如前文曾提過，除了測到的數據之外，仍有許多其他因素會左右比賽中投手的投球。

因此，我完全沒有要否定感覺派選手的意思。

THINK!

數據不能盡信，重要的是懂得如何發揮數據能提供的利用價值。

在職業棒球的比賽場上不斷上演著，一個僅維持幾毫秒的瞬間動作，或是只有數公厘的些微差異，就可能成為決定勝負關鍵的戲碼。

一個投手若只是不斷閱讀蒐集到的數據資料，他仍然無法投出一手好球。

但我堅信在這些資料中，**毫無疑問具有球員們可以向其借用的力量。這種力量能讓選手在充滿「感覺」的比賽中，拉近和勝利之間的距離**。

懂得如何靈活運用數據資料的能力，或許是今後的棒球選手們，也需要花時間來「練習」的項目。

別只盯著眼前的打者，想想「其他」事情吧

13

PRACTICE

我曾被問到「投手面對打者時，腦袋都在想些什麼呢？」」這樣的問題。只是從電視上收看棒球賽事轉播的人，確實很難知道這方面的事情。

比賽時站在投手丘上的我，心中最掛念的當然是「如何讓這一局的打者無法從我手上得到分數」。

換句話說，投手在場上的基本心態就是「我要擊敗眼前這位打者，累積出局數」。

然而，比賽進行的過程中，投手需要配合不斷變動的賽事狀況，靈活地切換思考方式才行。這是因為投手有時會面臨到不能只集中精神想著該如何「拿下眼前這位打者」的情況。

舉例來說，現在是雙方只差一分，兩人出局、三壘有人的緊急局面。

到完成三出局攻守交換為止，剩下的這一個出局數，該怎麼拿下來呢？

此時場上投手所想的，不能只是「眼前的這位打者」而已，還需要把站在打擊準備區的「下一位打者」列入考慮才行。

「眼前這位打者和下一位打者，哪一個打擊能力較佳呢？」

「這兩位打者今天的表現如何？」

「從過去的對戰經驗來看，哪一位比較好對付呢？」

大概想過這幾個問題後，**我會開始思考該怎麼做才能提高「拿下最後一個出局數」的機率**。

如果最後我得到的結論是，與其和現在這位打者硬碰硬，對付下一棒比較容易的話，那麼「四壞球保送」眼前這位打者，就成為可用的選項之一了。

當然，做出這個結論後，我和捕手之間的配球也必須改變才行。

話雖如此，我不是打從一開始就想避開和眼前這位打者對決。

當下面對的是一個不容許對方得分的狀況，所以有時會出現其實是想把球投到好球帶（Strike Zone）比較刁鑽的位置，結果卻因先投出壞球，最後演變成選擇四壞保送對方的結果。

雖然一般人普遍認為「會投出四壞球的投手，實力應該不怎麼樣」，然而我們可不能一竿子打翻一船人。

實際上，的確有些投手是因為投不進好球帶，而投出保送打者上到一壘的「壞的」四壞球。但我認為，同時也存在雖然不能稱之為「好的」四壞球，但卻是在「無可奈何」的情況下，所投出的四壞球。

前文提到的局勢中，如果投手用四壞球讓眼前的打者上到一壘，就會形成兩人出局，一、三壘有人的情況，然而只要能解決下一棒打者，對手仍然無法得分。如果是這樣，從結果面來看，這次的四壞球保送就有意義了。

再舉個例子。假設現在是一人出局、二壘有人，站在打擊區的是對方打線中的強棒，投手可以考慮採用選擇保送這位強打者，靠下一棒來抓雙殺戰術，結束掉這一局。

正式的棒球比賽中，投手會用暗號和捕手溝通，決定要投什麼球，因此投球內容不會一成不變。

THINK!

「答案」會隨著持續變化的狀況而發生改變。

然而，**投手也不會「照單全收」捕手發出的暗號來投球**。

當我站在投手丘時，腦中通常想的只有「什麼才是能封鎖對方攻擊，讓他們無法得分的最佳戰略」這件事而已。

而為了完成這個目標，如果念茲在茲的只有「我要解決眼前這位打者，累積出局數」的話，是不夠的。

「不讓對手得分」是投手的工作，「贏得比賽」是球隊的任務

14
PRACTICE

身為一名投手，「封鎖對手打線，讓他們無法得分」是最重要的任務。甚至可以說，一切的練習都是為了達成這個目的而存在。然而隨著比賽進行，上述原則有時會遭到必須做出妥協的挑戰。

例如，比賽中會出現「讓對方得一分也沒關係」的情形。

舉例來說，比賽進入尾聲，比數三比〇，我方領先。但我面對的卻是無人出局，二、三壘有人的緊張局面。

此時最糟糕的情況是，下一棒直接轟出一發三分全壘打，將比數追平。

遇到這種情況時，我會改變思考方式，轉而認為「失一分也沒關係，最差可以丟兩分，但一定要挺過這個局面才行」。

和上一節提到的**「無可奈何的四壞球」一樣，比賽中也存在「無可奈何的失一分」**。

「避開最差的結果，讓受傷的範圍縮到最小」這樣的思考方式，也可運用在其他狀況。

假設現在是我方以兩分領先的比賽末段。七局一開始，我就保送打者到一壘，下一棒又揮出一支安打，局勢瞬間陷入無人出局，一、二壘有人的緊張狀態。

面對這個危機，**身為一名投手，當然會有「我要靠自己的力量來擺平眼前這個局面」的強烈想法**。

然而此時比賽已來到第七局，且我的投球數已經破百，身體出現疲態也不足為奇。碰到這種情形時，該如何是好呢？

一般來說，職棒球隊在「比分領先的比賽」時，會安排上場接替先發投手的後援投手。

這就是大家經常聽到的開啟「勝利方程式」的比賽策略。

如果照這個劇本演出，此時換投的準備應該已經開始進行了才對。

若真是這樣，我會開始把「如果要準備換投，怎麼樣的局面對後援投手來說比較好接手」這個想法放在心裡，接著用比較保守的投球方式，完成剩下的任務。

「到第七局我們還領先，在牛棚熱身的應該是『勝利方程式』的投手……」

「但如果接下來局勢被對手逆轉，上來接替的投手可能就會是另外一位……」

「好，就算被打一壘安打讓對手得一分，也要避開被擊出長打、追平比分的情形發生。」

有時我會在完成以上這些思考後，再好好面對下一棒打者。

話說，要是我連一個出局數都拿不下來，從開局就陷入亂流，可能會造成後援投手在牛棚的準備時間受到壓縮，如此一來，就會讓球隊陷入不利的狀況之中。

遇到這種情形時，我會故意多投些牽制球，盡可能地在比賽的規定範圍內，為後援投手在上場前多爭取點熱身的時間。

身為一名投手，我的心中固然存在強烈「想靠自己的力量，投到不能再投為止」

的想法。但在實際比賽中，「抓到三個出局數，封鎖對方得分」，才是在賽場上時時刻刻都不能忘的事情。

對球隊來說，**沒有什麼比「贏得比賽」、「不要輸球」更重要的事情了**。而為了達成這個至高的目標，有時讓對手得一分，也會成為我在實際比賽中可用的策略之一。

THINK!

不管什麼練習，最終目的都是「要讓球隊贏球」。

第3章

磨練「心性」，要有決心

「不上不下的緊張感」是最壞的狀態

15

PRACTICE

前一章提到，只要自己站在投手丘上，腦袋就會思考很多事情。

其他投手是否和我一樣，我不清楚。而且我沒有想要把自己面對比賽的方式，強行推銷給年輕世代投手的意圖。

然而，當我回過頭檢視，自己為什麼會這麼喜歡思考時才注意到，原來這一切都和我「不喜歡輸」的個性脫離不了關係。

雖說我不喜歡輸，但這和「無論如何都想打敗某個被自己當成目標的球員或某支球隊」的感覺不一樣。

這是一種我時時刻刻都放在心上，而且包含自己在內，對一切事物都「不願服輸」、「不願放棄」的想法。

或許正因如此，**我才依然會在經歷了二十年的職棒生涯後，還能在每一次站上投手丘時，感受到一種不變的「緊張感」吧。**

這種緊張感和希望自己不要在一大群觀眾面前漏氣、出洋相有點不同。

它是一種混合興奮和恐懼所形成的獨特感覺，或許用日語中的「武者震り」（む

しゃぶるい）*來說明，讀者們會更容易理解。

對於這種在比賽前會找上門來的緊張感，我不會用「壓制」的方式處理，而是以「不抵抗」的態度面對。

過去的經驗讓我了解到，比賽前愈是告訴自己「不要緊張」，等到比賽真正開始時，反而容易手足無措、失誤連連。

因此就我來說，我會選擇跟著感覺走，**正式比賽前，盡可能讓自己「乾脆就緊張個夠吧」**。

如此一來，正式踏上投手丘時，反而可以從這種緊張感中解放出來，放開手腳去投球。

但請大家注意，這種做法和「放棄思考」是不同的兩件事。

一旦陷入「受不了了，我不管了啦」這種自暴自棄的狀態，就很難在登板後投出好球了（或許在我的性格之中，有這部分也說不定）。

我認為只要放棄思考，則無異於對自己舉白旗投降。

「思考」和「緊張」是無法分開的。

就年紀來看，我在職棒界雖然已經是個大前輩，但直到今天，我還是會有感到緊張的時候，或許這和自己是個愛思考的球員有關吧！若真是這樣，也沒有辦法。

無論如何，今後我仍會繼續「緊張」下去，而且還會依不同狀況，讓「緊張」成為我做事的「助力」。

*譯注：指當人們面對重要比賽或大場面時，因為心情亢奮而讓身體產生顫抖的狀態。

THINK!

體驗過極度的緊張後，再來重振旗鼓吧！

職棒新人在日職總冠軍賽登板時體驗到的「恐慌」

16 PRACTICE

雖說棒球投手有許多不同類型，但我相信除了自己之外，大多數先發投手登板前，心情應該多少還是會緊張。尤其對先發投手來說，「事前準備」是否充分會對比賽結果帶來很大影響。

投手面對一般例行賽事時，如果順利，緊張感通常會在球賽開始前就消失了。要是沒有的話，緊張感大概也會在取得第一個出局數，或是完成一局的投球後，消失得無影無蹤。

只有在極少數的情況下，投手會在伴隨著緊張感的狀態下進行比賽。

相信不少棒球迷應該都看過，在比賽頭幾局就被對方打者的炮火打下場的年輕投手，於賽後說出這樣的話——

「我不太記得發生什麼事，在搞不清楚狀況時，就被打得亂七八糟了。」

投手口中這種「搞不清楚狀況」的感覺是真實存在的。

我認為之所以會發生這種事，絕大多數的情況下，應該和投手在比賽前沒有消除緊張感就上場投球有關。

可以說，可能會在比賽過程中陷入某種「恐慌狀態」這一點，是棒球投手和其他不同位置的選手最大的差異之處。

我的職棒生涯中，**也曾經歷過兩場是在極度緊張的情況下進行比賽**。

第一場發生在二〇〇三年，也是我踏入日本職棒的第一年，這場比賽是軟銀鷹對上阪神虎的日本大賽第七戰。

另一場發生在隔年，就是二〇〇四年。這場比賽是雅典奧運棒球賽的季軍戰，日本對上加拿大，由我擔任先發投手。

「日本大賽」的緊張程度只能用非比尋常來形容。

還記得當時，我覺得身體好像不受控制般輕飄飄的，就像要浮起來一樣。有關我在那一場比賽的投球內容，現在腦裡僅剩下片段的回憶而已。

現在回過頭去看，球隊讓職棒一年級的新人，擔任決定當年日本職棒冠軍隊伍決賽的先發投手，我當然會緊張到不行啊！當時自己光是處理眼前的事情就已經分身乏術了，可以說完全陷入慌亂的情緒之中。

我從一局上開始就立刻碰上麻煩。

第一棒的今岡誠（現改名為今岡真訪）敲出中間方向的一壘安打後，我處理第二棒赤星憲廣的犧牲觸擊時發生失誤，讓情況演變成在一局上就迎來無人出局，一、二壘有人的危機。

接著站上打擊區的是第三戰擊出全壘打的第三棒金本知憲。

眼見連一個出局數都還沒拿到，內野手們往我身邊聚集了過來。

日後，根據那場比賽和我搭檔的捕手城島健司回憶到，**當他跑到投手丘問我：**

「你沒問題吧？」的時候，我臉色蒼白（笑）地這麼回答：

「問題可大了……」

雖然我依稀記得接下來好不容易解決金本，又抓到第四棒檜山進次郎擊出的雙殺打，總算安全下莊。但當時和城島先生的對話內容，以及內野手們對我說的話，已經完全想不起來了。

若是球季中的例行賽事，撐過像這樣的危機後，通常就不會那麼緊張，然而那場比賽卻不一樣。從第二局開始，「球能不能投進好球帶啊」、「我應該挺得住吧」這些想法，在投球時依然縈繞在我腦中揮之不去。

直到結束第五局的投球，我總算從緊張的氣氛中解放出來。

五局上，我雖然被敲了一支陽春全壘打，但投完前五局，也只失了這一分，「啊！總算完成先發投手最低限度的工作啦！」這個結果讓我感到安心，心理的負擔也減輕不少。

結束前五局後，我告訴自己：「**接下來若狀況不佳，還有後援投手的前輩們撐腰呢！放膽去投投看吧！**」這麼想之後，心情變得豁然開朗起來。

沒想到從第六局開始，我突然感覺身體變得好輕盈，而且還完全找回原本的投球節奏。

最後這場比賽我不但完投九局，而且只失兩分，拿下勝投，幫助球隊贏得當年日本職棒的總冠軍。

雖然這場比賽我從開局的投球內容就令人捏把冷汗，且隨時被換下場也不奇怪。但後來卻能以初入職棒界的新人之姿，成為「封王那一刻站在投手丘上的投手」（胴上げ投手），這樣的轉折，還真是令人感到不可思議啊！

另外，二〇〇四年雅典奧運棒球季軍賽的緊張程度，同樣令我難忘。

本來日本隊是備受期待的奪金隊伍，沒想到準決賽時，以〇比一輸給澳洲隊。

日本隊輸球後陷入一片愁雲慘霧之中，當時每個球員心裡想的都是無論如何至少要把銅牌帶回日本才行。這件事讓我深刻理解到，披上國家隊球衣的壓力有多大。

二○一二年，我遠赴美國，投身從過去就很憧憬的美國職棒大聯盟。

然而正如前面提過的，那一年我的手肘在春訓時受傷了。

受傷後，我在美國過著復健和待在小聯盟的生活，直到兩年半後，才終於踏上心儀已久的大聯盟投手丘。

初次在大聯盟登板投球，要說心情完全不緊張是騙人的。這個舞臺對我而言是如此陌生，且當時自己有若再不拿出點成績來也很難交代的壓力。

但說實話，大聯盟初登板的緊張感，確實無法和前述這兩場比賽相提並論。

剛踏入職棒的第一年和第二年，就碰上本節提到的這兩場比賽，對我來說真的是相當刺激的經驗。

日後，我之所以知道該如何從比賽的緊張感中脫身，可以說多虧了有這兩場比賽的震撼教育。

現在無論登板前有多緊張，我都會告訴自己「和那兩場比賽相比，接下來的比賽沒什麼啦」。

正因如此，我已經不會再把比賽前的緊張帶進比賽過程中了。

THINK!

當緊張襲來時不妨回想一下，「過去自己曾經感到最緊張的事情」吧！

17

PRACTICE

比沉浸在狂熱的氣氛裡更有用的是保持冷靜、集中精神

雖然前面談了那麼多，但「緊張感」對人們來說，依然是棘手的存在。一個投手若無法處理好緊張感，還會影響到自己投球。

但反過來說，投手**若完全缺乏緊張感也不行**。這是因為在「緊張感」和「專注力」之間，存在著緊密連結。

不少人以為，站在投手丘上的投手只要一集中精神，就會進入「眼裡看到的只有捕手手套」的狀態。

然而至少就我的經驗來說，站在投手丘上，集中精神後所感受到的狀態，與很多人所想像的並不相同。

當我站在投手丘，精神完全集中時，首先出現的現象是，自己完全聽不到從觀眾席傳來的加油聲或吐槽聲。

除此之外，視野還會變得較為寬闊，而且伴隨著能客觀審視自己的冷靜。

當然，上場前和下場後，球迷的加油聲可是聽得一清二楚喔！

可是只要一進入高度專注的狀態下，我就會感覺自己身在一個完全寂靜的世界。

另外讓人感到不可思議的是，此時的我耳裡只聽得見與比賽有關的資訊，例如同隊的內野手向我傳達的注意事項。

反之，**「眼裡看到的只有捕手手套」，其實是較不樂見的一種狀態**。

會出現這種情形，很有可能只是因為自己過度專注在某件事情上，導致視野變窄了。說白了，不過就是「一頭熱的興奮狀態」。

最後想和大家分享一個純屬個人主觀但未經確認的想法。我認為當一個人幾乎可視為進入到稱之為「Zone」（化境）*這種精神狀態時，就意味著在他身上的「緊張感」和「專注力」，已經依最適當的比例混合在一起了。

＊譯注：一般翻譯為「化境」或「出神入化」，指運動員處在注意力高度集中時的心理狀態，而且此時的表現會比平常更好，類似概念還有心理學中的「心流」（Flow）。

THINK!

「過度專注」和「Zone」看起來有點像，但卻是不一樣的兩種狀態。

就算是老兵，還是需要磨練心性

18

PRACTICE

前文曾提到，對被歸類在職棒界「老兵」的自己來說，現階段在「肉體上的成長」已經很難有什麼期待了。

雖然我對「想把球技變得更好」的想法絲毫沒有改變，但與此同時，現在的我得消耗與關注球技同樣的心力，在怎麼做才能延緩「隨著年齡增加所出現的衰老現象」上。

有關棒球技術層面的事，現在我的重心比較著重於如何在球季中「維持」應有的表現水準。

儘管如此，這不表示身為一名職棒選手的我，就沒有成長空間了。

「心、技、體」是構成一個運動員最重要的三個部分，除了「體」和「技」，**我覺得自己在「心」這部分，仍然有很大的成長潛能。**

和過去相比，現在的我已經能較好地掌控從賽前到比賽中會出現的緊張感，以及比賽進行中所需的專注力。

但我也清楚知道，自己離能夠自由地轉換這兩種心態的程度還差得遠呢！

因此就現狀來說，如何維持比賽中緊張感和專注力的平衡，某個程度上我選擇順其自然。

有時我會覺得，只要願意在「心」上下更多功夫，說不定還能在棒球這個領域開闢出一片新局。

若精神層面的成長能夠持續下去，也許在未來的某一天，我也能獲得可以由自己控制，隨時都能進入到「Zone」狀態的開關呢！

「讓自己『掌控』緊張感和專注力」，這樣的想法會不會從根本上就不正確呢？

藉由上場前刻意讓自己「緊張個夠」，以提高在正式比賽時專注力的做法，有沒有可能是錯誤的呢？

會不會其實當「心」處在「無」的時候，才是投球的理想狀態呢？

最近，我開始會去思考這些事情。

「『思考』這件事是否真的是我在投球中，不可或缺的環節呢？」

「將來有一天，我真的有可能在『無的境界』下投球嗎？」

關於前面這兩個問題，目前我仍然沒有定論，甚至無法確定將來能夠說出「正確答案」的那一天是否會到來。

現在假設一個情況，當我已經用盡所有能夠對付打者的十八般武藝，卻仍陷入一籌莫展的愁雲慘霧中。

而且就這麼剛好，此時還是決定日本職棒總冠軍決賽的九局下，兩出局、滿壘，這麼極端的局面。

要是真的碰上這種情形，我想自己應該只能以「死馬當活馬醫」的心情，在「無心」的狀態下，投完這場比賽的最後一顆球吧！

從另一個角度來看，只要還沒有被逼到如此極端的情境之中，我還是會繼續站在投手丘上，來做「思考」這件事吧！

目前，**「不放棄思考的心」依然是我最重要的武器**。

與此同時，「鍛鍊這顆心」毫無疑問仍是我在剩餘的職棒生涯中，需要面對的課題之一。

THINK!

其實我也不知道「思考的練習」是否是最終且正確的答案。

第4章

投捕搭檔的練習論

「用手對話」是投捕之間最有意思的地方

19

PRACTICE

棒球界經常把投、捕關係用「夫妻」做比喻。

或許這也是為什麼，捕手在日本會被稱為「女房役」（賢內助）的原因吧。

姑且不論這樣的比喻合不合適，但至少說明投手和捕手之間的關係有多麼緊密。

不管是在場上比賽，還是為了下一次登板前進行練習，捕手對我來說都是不可或缺的夥伴。

和捕手建立關係時，我會做的第一件事情是讓他了解我的投球。

「什麼是我擅長的球種。」

「我投的直球，尾勁有多大。」

「我對變化球的掌握程度到哪裡。」

投、捕之間建立關係時，最重要的莫過於讓捕手實際來接投手投出的球，這樣才能讓捕手認識我的投球特色。

如果捕手沒有獲得這些真實資訊，也很難去引導投手投球。

舉例來說，儘管投、捕雙方都知道眼前這名打者「不擅長打會往下掉的球」，但投手卻只能對他投指叉球，這個資訊就沒有意義了。

另外，就算是一個會投指叉球的投手，也會因為他所投出指叉球球質，而讓捕手有不同的想像空間。

如果某位投手的決勝球是一顆高低落差很大的指叉球，那麼當然沒有什麼問題。但如果這名投手的指叉球變化幅度不夠大，捕手就必須調整投手在投指叉球時的策略，例如「投球時把球壓低一點，不要讓球進到好球帶」。

進一步來說，**除了能運用的球種之外，讓捕手認識投手的個性也很重要**。

「我喜歡用什麼樣的方式解決打者呢？」

「什麼樣的配球會讓投手投起來心情愉快呢？」

「另外，遇到什麼樣的狀況，投手容易出現失投呢？」

一名專業而優秀的捕手，通常是在掌握上述這些事情的情況下來考慮配球。相信看到這裡讀者們應該都能明白，對投手來說，捕手有多麼重要了吧！

讓捕手熟悉自己（投手）的投球特色和個性，這件事每年通常都是在營地訓練時進行。

在營地時，我會和隊上每一位捕手都在牛棚裡搭檔練習過。這麼做的目的，當然是希望每位捕手都能認識我的「球」和「個性」。

等到例行賽開打後，投、捕之間最重要的則變為雙方關於「如何對付打者」的想法。

「用這個策略來解決這名打者吧！」

「投這種球，比較容易對他取得兩好球的球數領先。」

每次登板前，做為準備工作的一環，我都會像這樣和捕手大致討論這場比賽的配球方式。

如果沒有經過和捕手事前溝通，投手對於捕手在比賽中打出的暗號，出現疑惑的次數就會增加。

就個人來說，其實我不喜歡對捕手的暗號說「No」。因為這麼做，很容易影響到投球節奏。

只要我想投的球和捕手的暗號達成一致，投起球來就會很順。

而且，如果用投、捕雙方都有默契的球，例如一顆外角偏低的直球，讓打者直接站著被三振，那種爽快感真是難以言喻啊！

另外，當投、捕對投什麼球出現意見不一致的情況時，若捕手能迅速地打出不同暗號，投手會比較容易做出反應。

THINK!

「讓身邊的人認識自己」也是重要的練習項目之一。

捕手「（喔，你是想投到這邊嗎？）」

投手「（對，只能二選一，真的會讓人在做決定時有點遲疑呢！）」

投、捕之間這樣的溝通，真的還挺有趣的。

能夠靠「手指」達成溝通，也是投、捕關係邁向成熟的一種證明。

同時這種樂趣也是只有投手和捕手才能品嘗到的醍醐味。

投手要為球被打出去，負百分之百的責任

20
PRACTICE

一對投、捕搭檔如果讓對方打者擊出安打，日本棒球界和媒體一般都會認為這是「捕手要負的責任」。

原因在於「要不是捕手做出錯誤判斷，怎麼會讓打者擊出安打」。

但我不認同這種想法。

這是因為，**一名職棒投手如果真的能投出捕手要求的球，那麼打者應該是打不到這顆球的。**

這是我認為要討論這件事的一個「大前提」。

投手投出的球之所以會被打者打擊出去，問題一定出在這顆球哪裡投得太甜。

而且就算投手已經按照捕手的暗號來投球，這顆球還是可能出現像尾勁不夠，或是由於投手採用容易被打者看穿的姿勢來投球等原因，而遭到打者狙擊。

從這個角度來看，球被打者打出去的責任，應該全由投手負責才對。

至少這是我一直以來抱持的想法。

我投出的每一球，都是在同意捕手暗號後所投出。

就算自己的球真的被對手打出去，我也不會怪捕手「真搞不懂為什麼他要我把球投到那個位置啊」。

另外，在我的印象中，美國職棒大聯盟好像也較為重視我在這一節所強調的「投、捕關係」。

亦即就一般而言，思考該如何配球的當然是捕手，但如果球被對手打擊出去，就是投手的責任了。

雖然「對暗號點頭，即表示願意按照捕手的指示來投球」是我的基本理念，**但也有極少數的情況下，我會在「不認同捕手暗號的情形下投球」**。

這種案例通常發生在我與年輕捕手搭檔的時候。

會和年輕的捕手搭檔，是因為球隊希望像我這樣的前輩投手，也能肩負起培育年輕捕手的責任。

舉例來說，二〇一六年球季中，只要是我擔任先發的比賽，就經常和隊上年輕的捕手山下斐紹搭檔。

原因很明確，隊上的管理階層希望我能「好好帶著他一起成長」。

「（在這樣的情況下，我可能投不出這種球耶……）」

「（面對當前的局面，要是照這樣投的話，可能會有點危險喔……）」

如果隨著比賽的進行，我方在比分上有一定優勢時，就算心裡出現像上述這些想法，我還是會故意配合捕手的暗號投球。

倘若按照捕手的暗號投球，結果卻被對手打擊出去，我會在該局結束或比賽後，和捕手一起開會檢討。

「在當時的情況，採用與面對前一位打者相同的方式來對決眼前的打者，這麼做妥當嗎？」

「就算是該名打者不擅長的擊球位置，相同的球只要投個幾次，還是會被對方掌握住。」

我認為像這樣從實際比賽中學習如何配球，對年輕捕手的成長能帶來相當大的助益。

當然，反過來也有由前輩捕手來培育年輕投手的情形。

例如我剛踏入日本職棒的二〇〇三年，出賽時就經常和隊中年約二十六、二十七歲的城島健司做搭檔。

城島健司在許多日本職棒球迷們的眼中，一直以來都以「豪爽」的形象著稱。

然而實際上，他可是一位心思縝密且相當注意細節的人喔！雖然我不太相信血型占卜，但用一般人比較容易理解的語言來說明，城島先生可說是一位典型的「A型人」。

還記得他曾對當年還是職棒新人的我說過：「和我搭檔不用客氣，只要對暗號不滿意，就搖頭告知。」

「只要你搖頭，我就會改變配球想法，所以你不用顧慮我。但如果真的遇到大場面時，我也會堅持自己的暗號喔……遇到這種情形時，我希望你能相信我的判斷來投球！」

有來自城島先生這樣的關懷，對當時還是職棒新人的我來說，實在是太感激了。我認為自己之所以能一路從菜鳥投手逐漸成長，和進入職棒之初就能和城島先生做投捕搭檔，有相當大的關係。

現在，我認為自己也得把以前從城島先生身上學習到的東西，傳承給年輕的捕手才行。

THINK!

投手和捕手的成長，源自對彼此的「責任感」。

我不認同「投捕之間的相性」這種說法

21

PRACTICE

有時我會被問到這樣的問題。

「投手希望捕手具備什麼能力呢？」

接下來請容許我說一點有關棒球技術層面的事情，**我希望搭檔的捕手既會「偷好球」（Framing），也能「擋球」（Blocking）**。

簡單來說，「偷好球」就是一種捕手接球的技巧。

這項技巧精湛的捕手，能把投手投到好球帶邊邊角角的球，藉由高超的接球技巧，讓裁判對其做出「好球」的判定。

反之，如果捕手在接球瞬間，手套還出現移動的狀況，那麼原本應該是好球的球，也可能被裁判認定為「壞球」。

一個擅於偷好球的捕手，能讓投手在投球時神清氣爽。

另外，懂得利用自己的身體來擋住球，不讓球跑掉的捕手，能使在場上投球的投手感到相當有安全感，這個技巧稱為「擋球」。

「這位捕手會用身體擋球，肯定不會讓球跑到他身後去」，只要投手能對捕手有這樣的信賴感，就比較容易放膽去投球了。

每次談到這裡時，通常「投手和捕手之間的相性」*這個話題，也會被人提出來討論。事實上，投、捕之間關於該如何配球的想法，確實多少存在著「相性好壞」的問題。

但我想強調，**相性的差異，並非事情的本質**。

前文中提過，只要投手能做到「努力讓捕手了解自己的投球方式和個性」、「關於配球，於比賽前會和捕手仔細推敲討論」，以及「在實戰中累積投、捕搭檔的經驗」，那麼彼此在相性上的差異，大多能獲得解決。

偶爾有人會和我說：「我覺得和田先生和某位捕手的相性，感覺超合拍的耶。」說真的，每當聽到這種話時，我固然會因為受到誇獎而開心，但心中多少也會覺得有點彆扭。

＊譯注：「相性」為日語的漢字詞彙，指人和人或人和物之間，「合不合得來」或「投不投緣」的程度。

這表示，現實中存在著我「和這位捕手容易搭檔」、「和那位捕手不容易搭檔」的事實。而這也突顯出我和不同捕手之間的溝通，仍有許多可以改進的空間。

我認為一位專業投手，應該要能做到不論和哪種類型的捕手搭檔，都能發揮出自己的實力才對。我衷心期望，自己能成為這樣的投手。

棒球是一個團隊運動。

球員若只專注於磨練「個人的技術」，稱不上是練習。

不論和誰在一起都能發揮出最佳實力，這種人與人之間的「關係性」，也是球員們需要重視的地方。

與此同時，這也是我們每個人都應該做的「練習」。

THINK!

專業人士不會把問題推到「相性」上。

第5 幫助別人成長，自己也會成長

PRACTICE 22

為什麼平凡的棒球少年沒有放棄棒球呢？

從不久前開始，「日本的棒球人口正在減少」這個話題，就在棒球界人士之間傳開了。

其中又以「孩子們愈來愈不喜歡打棒球」的問題最為嚴重。

其實打棒球的孩子正在減少，在日本棒球界已經是個老問題了。

當從事棒球的人口變少後，極有可能導致做為棒球運動頂點的職業棒球，水準出現下降的現象。

我認為想解決這個問題，需要做到兩件事。

其一是，**「增加」第一次嘗試棒球運動的小孩數量**。

其二是，**讓已經在從事棒球運動的孩子，「不要中途放棄，願意持續從事棒球運動」**。

若從練習的觀點來看，我認為第二點中的「持續」是個大問題。

話雖如此，目前我能和棒球少男、少女們接觸的機會，大概僅限於球季後舉辦的棒球教室。

從站在長年指導少年棒球的人的立場來看，我提出來的想法可能無知、幼稚，但在這裡我還是想以自身經驗為基礎，對「或許只要做出這種改變，就能讓大人和小孩都會想繼續從事棒球運動」，提出一些個人觀點。

我從小學一年級開始正式參與棒球運動，當時住在愛知縣的江南市，順理成章地進入當地的「江南 Quickers 隊」（江南クイッカーズ）。

直到現在，我依然清楚記得第一次接觸到棒球這項運動時的感覺。

「把球丟出去。」

「用球棒擊球，然後跑起來。」

我非常享受於做這些棒球的基礎動作。

雖然現在很難用言語說明那時為什麼會如此樂在其中，但當時的我真的是單純地對投球和打擊充滿興趣，不論練習多久都不覺得厭煩。

這支地方上的棒球隊會在每週六、日舉辦活動，除此之外，平日每天早上則有成員自由參加的「朝練」。

雖然由自己來說有點奇怪，但其實我從小學起，就不是那種特別努力、認真型的學生。加上體型嬌小，加入棒球隊後，也沒在棒球上嶄露出什麼天賦異稟之處。

儘管如此，當時不知道出於什麼原因，還是小學生的我，居然把存起來的零用錢拿去買鬧鐘，好用來叫醒自己，能夠去參加球隊每天的晨間練習。

接下來不論是炎炎夏日還是寒冷冬天，都無法阻止我練習棒球。碰到下大雨時固然會休息，但只要雨勢不算大，我還是開開心心地到球場報到。

直到今天，父母偶爾還是會對我說：「你小時候能每天去練習棒球，真不簡單。」而當我回頭檢視過往時，也覺得**「雖然當時自己的表現不出色，但沒想到竟然能堅持下去」**。

為什麼小學時的我會如此沉迷在棒球這項運動呢？原因在於，對當時的我來說，「棒球實在是太有趣了」！

而且毫不誇張地說，國小時從棒球中所感受到的「樂趣」，直到今天依然存在我的體內。

從小學到現在已經過了三十多年，此刻雖然我已達不惑之年，但至今仍能維持對棒球的熱情，並以現役職棒球員的身分在球場上繼續打拚，這樣的動力或許正是源於六歲時，對「棒球實在是太有趣了」的體驗吧！

THINK!

從結果來看，起初的「真有趣」，讓我在棒球這條路上堅持下去。

如果我是少棒隊教練……

23 PRACTICE

從自身的經驗來看，當一個人開始投入到一件新事物時，會影響他**是否願意堅持做下去的，通常和這件事帶給他的「最初印象」有相當大的關係**。

舉例來說，一般人閱讀小說和漫畫時，如果翻個幾頁就覺得內容枯燥乏味，便很難繼續閱讀下去。

遊戲也是一樣，如果玩家們玩了一會兒之後，從這個遊戲中完全感受不到興奮感，就不想繼續玩下去。

就算前面提到的小說、漫畫或遊戲，進行到下半段會變得愈來愈引人入勝，但我相信，大部分的人應該和我一樣，在有趣的部分出現前，就已經決定將其束之高閣了。

有關「學習」的道理也是如此。

多數情況下，一般人若是在掌握初階的內容，心裡覺得「我已經搞懂啦」之後，才往下一個階段邁進，通常會對學習對象產生興趣，進而更加積極投入。心裡甚至會湧現出像「不知道接下來會出現什麼呢？」這種想要主動探索的動力。

但如果學習者在初始階段就遭遇挫折，接下來不管使用多麼易於理解的說明來補救，也很難進入到他們的耳裡。

一個人如果連小學三年級的上課內容都無法理解，怎麼可能跟得上五年級的課程呢？有些孩子正因遭遇這種情形，所以變得非常不喜歡學習。

棒球運動中，也會碰到和學習一樣的問題。

因此，**我認為只要讓孩子們在接觸棒球的初始階段，能使他們感受到「棒球真有趣」的話，日後願意持續投入這項運動的小孩，自然就會增加。**

我很幸運，因為自己對棒球的「第一印象」非常良好。

正因如此，我真希望能讓已經在從事棒球運動的孩子，或即將開始接觸棒球的孩子，都能和我一樣擁有對於棒球的美好體驗，哪怕只是增加一個人也好。

剛開始接觸棒球時在心裡萌生的「樂趣」，於日後「持續」接受嚴格訓練時，一定能成為讓人願意堅持下去的強力靠山。

有時我會想，假如自己是一名少年棒球隊教練，首先我會做些什麼來讓孩子們可以和我共享來自棒球的「樂趣」呢？

我認為就算是剛入門不久的「初心者」，也要讓他們有充足的時間摸到「球」和「球棒」，使他們能透過實際去做投球、揮棒等基本動作，來體驗棒球的樂趣。

我年紀還小時，一支棒球隊的成員高達四十～五十人以上，且成員從小學一年級到六年級混雜在一起的情況並不罕見。然而在這種情況下，低年級的成員往往只能參與「撿球」或「喊聲」這類活動。

過去因為棒球仍是相當受歡迎的運動，這樣的安排或許還不至於有什麼問題，**但要求才剛接觸棒球的孩子，立刻去做撿球或喊聲這些事情，真的很沒有意思。**

或許有不少孩子就是在這樣的過程中，逐漸覺得「棒球好無聊喔」。

由此看來，只要透過把高、低年級分成兩個隊伍，並妥善區分出不同隊伍的練習時間，就能讓低年級成員有機會摸到球和球棒了。

當然，以上我所提出的想法，或許今天早就已經實際在執行了也說不定。

我衷心期望，每一位好不容易才走到「棒球大門口」的孩子，都能實際體驗到「投球和打擊的樂趣」。

如果一個孩子在尚未體驗過棒球樂趣的情況下就放棄這項運動，不是很令人惋惜的一件事嗎？

THINK!

當你對某件事情逐漸感到厭煩時，請回想一下初始的「快樂」吧！

只有堅持下去的人，才能體會到的「特殊」樂趣

24
PRACTICE

前面我已針對投球、打擊這類棒球的基本動作所能帶來的樂趣做過說明了。而隨著個人持續從事棒球的練習後，我認為棒球運動中其他不同層面帶來的樂趣，會變得愈加重要。

接觸棒球的初始階段，當孩子們開始對這項運動產生興趣並持續練習後，接下來會遇到像「嗯，我好像無法把球投到自己想要的位置」或「擊中的球好像飛不遠」這樣的問題。

但正是因為遇到這類問題，才會促使孩子們以自己的方式去思考，「該怎麼做，才能加強控球能力」、「要使用什麼打擊方式，才能讓擊出去的球飛得遠一點」。

透過由自己來建立假說，接著實際去執行、驗證假說是否正確，這麼做會讓孩子們更加地沉浸在棒球裡。而且從中所體驗到的，是一種比投球和打擊這類單純的樂趣更上一個層次的快樂。

當一個人進入到這樣的循環後，隨著年齡增加，他將碰到愈來愈多個人在棒球上會遭遇到的問題。

但就算碰到問題，只要願意去思考解決之道，那麼從「練習」到「嫻熟」的速度，也會獲得快速地提升。

「怎麼做才能提升球速呢？」

「有沒有就算球速不快，也能壓制打者的方法呢？」

「怎麼做才能三振這位強棒啊？」

「試行錯誤的樂趣」對現在的我來說，仍然相當重要。

直到今天，我依然會去分析自己有哪些不足之處，並針對需要改進的地方設計練習內容。因為存在需要解決的課題，就不容易中途放棄，我就是這樣對棒球「愈陷愈深」的。

另外有一種快樂也值得一提，就是「伴隨成長而來的喜悅」。當我們在訓練、鍛鍊時，一定會出現如上氣不接下氣等痛苦狀況。就像投手會對投出的球被打者擊出安打或全壘打而感到懊悔一樣。

但只要我們沒有中途放棄，堅持練習下去，「『本來做不到的事情現在竟然做到了』的那一刻」肯定會出現。這是一種特別的喜悅，而且還會進一步成為讓我們願意繼續從事練習的原動力。

以上是我針對「如何讓人願意堅持練習」所做的思考。我相信，只要能以「快樂」為核心來設計練習內容，願意從事棒球運動的孩子一定會增加。

當然，孩子們的身上充滿了無限可能性，只要他們能選擇自己想做的事情去做就可以了，不一定非得是棒球不可。

但我認為，不管孩子們選擇什麼，能對一件事情「堅持下去」的關鍵在於，他們是否可以從中感受到「快樂」。

若絲毫無法從一件事情中感受到快樂，只能咬緊牙關，勉強自己繼續堅持下去，至少對我來說是辦不到的。

THINK!

從「假設」到「驗證」的循環，能讓「練習」變得更有意思。

我不會主動向晚輩提出建議

PRACTICE 25

幾乎每一位像我這樣的職棒選手，每年球季結束後，從二月起就會到春訓的營地，進行「自主訓練」來鍛鍊身體。

過去，職棒選手通常會利用過完新年後到一月底這一段期間，進行自主訓練，但最近愈來愈多選手會從前一年的十二月中旬開始，就到海外開始進行正式的自主訓練。

練習需要同伴，所以大部分情況下，一般是由幾位選手相約一起進行訓練。

我每年會和幾位不同的年輕選手搭檔訓練，由於練習時如果只有自己一個人，容易開小差，因此能和年輕選手一起相互精進、勉勵，對我來說，是相當寶貴的機會。

有一年，和我一起訓練的有伊藤祐介、田中正義、笠谷俊介和齋藤誠哉四個人，都是我在軟銀鷹的後輩，且主動提出「想與和田先生一起自主訓練」。

和這四位與自己年齡相差十歲以上的選手之間的關係，很難用一句話簡單概述。

對職棒選手來說，就算是同袍戰友，基本上每個人仍可視為是一名「自雇者」（個人事業主），彼此之間，和一般公司裡的員工可分為上司和下屬的關係，略有不同。

雖然我不是沒有教這些年輕選手們東西的機會，但彼此之間的關係如果要用文字表現，我認為「老師和學生」可能最為貼切。

儘管如此，我也不會像學校老師那樣，只是單方面去進行指導，因為我和他們之間並非師父和徒弟的關係。況且，其實我也從年輕選手身上學到不少東西。

處在這樣特殊的關係中，**「不要主動向對方提意見」，是身為前輩的我，特別會注意的一件事。**

基本上，只有後輩主動問我問題時，我才會回覆。

就算當我看到某個投手時，心裡覺得「或許你只要改變一下投球姿勢，就會表現得更好喔」，也不會主動跑去和對方說。

為什麼呢？理由有以下三個。

第一個理由非常「理所當然」，只要對方沒有發自內心的想要「知道」或「學習」，那麼無論你多麼熱心地想告訴他什麼，對方也不一定聽得進去。

我們彼此都是職業而非業餘的棒球選手，倘若心中沒有「我想更加精進球技」這樣的想法，就很難進一步向上提升。

另外像前面提到的自主練習，也不是我主動和年輕球員們提出「要不要一起自主訓練」的邀請。

而是對方對我說：「我想參加和田先生的自主訓練！」然後那一年，剛好就是這四位選手而已。

第二個理由是，我認為自己必須「尊重對方迄今為止所積累的棒球經驗」。

儘管我和年輕選手之間在年齡上有一定差距，但彼此無不是從業餘時代開始就不斷強化自己的棒球實力，最後被球隊相中，進而踏入職棒界的球員。

因此我覺得，自己應該尊重其他人對於棒球所付出的心血才行。

尤其對投手來說，每位投手的「投球姿勢」，都建立在無比精妙的平衡之上，就算只是做了些微的調整，也有可能造成無法挽回的悲劇。

正因如此，有時就算投手只是對投球姿勢的缺點做局部修正，仍然會伴隨著連「優點」一起被整沒了的風險。要是因為一個不夠專業的意見，而讓對方失去克敵的王牌武器，那可真是賠了夫人又折兵。

我不會主動向年輕選手提出建議的最後一個理由，是因為自己不是球隊的「投手教練」。

無須我多做說明大家也知道，教練是教學的專家。

不論是哪一支球隊裡都有擔任教練工作的人，而我當然不希望自己侵門踏戶，干涉別人的工作。

進一步來說，要是我提供的建議，無法給採納的球員帶來正面效果，甚至產生反效果的話，以我的立場也無法為這件事負任何責任。

一般公司裡，前輩會向後輩提出像「你可以試著用這個方法來處理這件事情看看」這類的建議。而且要是後輩在工作中犯錯，前輩也能於事後或從旁提供後輩需要的支援。

然而在職棒的世界裡，這種支援的機會並不存在。

如果後輩投手在比賽中遭到對手痛擊，身為投手的我，也不可能拎著棒子上陣靠打擊來挺他。後輩投手在比賽中的表現，會直接影響到球隊對他的評價，並直接反映在年薪高低和選手運動生涯的長短上。

今天，如果我要對一個人的投球姿勢這麼細緻的東西，**提出個人的建議的話，心裡需要有極大的覺悟。與此同時，接受我建議的那一方，也得和我持有同等的覺悟才行。**

我認為專業人士提供的意見，就應該伴隨著與之相應的「責任」。

THINK!

一個漫不經心的建議，可能成為製造混亂的根源。

把專業術語轉換為「選手們聽得懂的話」，是我這個「譯者」的工作

26
PRACTICE

前文說過，只要年輕選手沒有主動問我問題，我不會主動提供任何建議。但就算沒有直接向他人提供建議，**我依然會主動針對選手們不容易理解的事情，充當「翻譯」的角色。**

這裡就以投球姿勢中最為關鍵的「下半身動作」為例來做個說明（我是左投，請大家注意，本節以左投手姿勢為例）。

我認為投球動作裡，最重要的就是在右腳抬起後，朝本壘板跨出去之前的姿勢，亦即投手利用做為軸心的左腳站立時的姿勢。

接著我會把身體的重量穩穩地放在左邊的臀部，如果此時沒有感受到「體重移動」的感覺，就無法投出令自己滿意的球。

這樣的姿勢稱為「力量姿勢」（パワーポジション），除了投球動作之外，一般認為這也是人類最容易使力的一種基本姿勢。

讀者們可以用「跳臺滑雪的選手要起跳時的姿勢」或「舉重選手在舉起槓鈴時的

姿勢」來想像，會更容易明白。

然而要讓棒球選手們學會這個姿勢，還需要「譯者」協助才行。

例如，當土橋教練出現在球員自主訓練的場地時，他會對包含年輕投手在內的選手們，用一貫充滿「理論」風格的語言來做有關棒球的說明。

雖然土橋教練想讓球員們知道的事情不是不能用比較偏向「感覺」的語言來說明，但身為專業教練，他向大家傳達的事情，還是得以科學實證為依據才行。

當土橋教練向球員解說什麼是「力量姿勢」時，他不會使用「把身體的重心放在臀部上」這種「感覺」的語言。而是會說出球員們需要特別注意的肌肉名稱，並以生物力學（Biomechanics）的知識為基礎來做解釋。

我在早稻田大學時，曾修過生物力學的相關課程，聽土橋教練說明時，不會感到吃力，在相當程度上能夠理解他想傳遞的訊息。

可是和我一起自主訓練的年輕投手中，有不少人就算聽到肌肉名稱，也很難在腦中將這些肌肉連接起來，形成具體的動作。

每當遇到這種情形時，我就會以同為投手的立場，把生物力學的語言轉換成「投手的語言」，替教練翻譯給大家聽。

實際上，現實中確實存在只有棒球投手才能理解的「感覺語言」。

透過「翻譯」這個行為，我把深奧難懂的專業術語轉化成「投手語」，以這種方式促進年輕投手的理解，幫助他們能用更好的姿勢來投球。

集體練習時，球員們之間若能存在一種「共通語言」，是再好不過的事了。

然而期望每一位成員都能理解這種語言並不容易。

因此我認為，把困難的內容「翻譯」成年輕選手也能理解的語言，是前輩球員應盡的義務。

THINK!

「譯者」是幫助球隊成長不可或缺的角色。

27

PRACTICE

愈處在不佳的狀態，愈要有把別人的建議當耳邊風的勇氣

雖然前面提過自己不會主動向年輕選手提出建議，但當大家一起練習時，我還是會注意到其他投手的投球姿勢，而且心中難免會出現「如果我是他的話，應該會這麼做」的想法。

但碰到這種情形時，通常我都能忍住想和對方分享個人觀點的衝動。我想**或許這和我也「不太擅於」接受別人的建議有關吧！**

需要澄清的是，這和「不喜歡」別人向自己提出建議，是不同的兩件事。

前文有寫到，我從小就是一個不折不扣的「棒球少年」。

儘管我的體質還不錯，但在棒球上沒有顯示出特殊的才能，業餘時代也沒有留下傲人成績。

因為有這樣的自覺，我一直以來都是以謙虛的態度，傾聽來自指導者或前輩的指教。

聽完別人的建議後，我會透過親身實踐的方式，來確認該建議的內容適不適合為己所用。

舉例來說，過去我曾向前軟銀鷹的隊友杉內俊哉（現讀賣巨人隊三軍投手教練）請教過有關投球的問題。

當時我對自己的決勝球之一的變速球，在投法的掌握上出現一些問題，於是我跑去問杉內，想了解他是怎麼投變速球的。

還記得當時杉內這麼對我說：

「投變速球其實就像在投直球，不，和直球相比，投變速球時手腕甩動的力量要更強勁才行。」

看到這段敘述後，或許有不少人心裡會出現「兩種球的差別只有這樣嗎？」的疑惑。然而多虧杉內的這番話，讓我順利地掌握如何投變速球的訣竅。

可以說，杉內的回答，恰好完全符合當時我所需要的建議。然而，這樣的例子在現實中並不多見。

能得到別人的建議，當然是一件值得感謝的事情，但對於他人所做的建議，我們通常很難照單全收。

我認為，建議的內容固然是用來判斷是否要接受的基準之一，但除此之外，建議提出的「時間點」也相當重要。

就算某人是站在接受別人建議的那一方，但要是他根本無心聽別人怎麼說，任何建議也進不到他耳裡。

舉例來說，比賽進行中的建議就是最典型的例子。

當有人在比賽中向投手提建議時，大部分情況都意味著，投手當天出賽時的狀況不太穩定。這種情況下，投手所接收到的建議，通常含有「提醒」的意思在裡面。

「今天有很多球都跑偏了喔，要注意一下！」

「壞球投得有點多，小心投球節奏跑掉嘍！」

其實狀況不好、投球節奏亂掉這些事，投手自己比任何人都清楚。

因此當比賽中遇到這種情況時，就算有人向投手提出類似上述這類建議，投手的心裡只會出現「你所說的，我比誰都清楚好嘛！」的想法而已。

當然，如果建議的內容是為了幫助投手突破當下的困境，是具體有用的技術性指導，則不在此例。

然而，比賽中投手會接收到的建議，大部分都不屬於後者這類具體的技術性指導。

儘管投手心裡知道身旁的人都是「為了我好」，才會向自己提建議。但我認為，**只要這些建議的內容被認定為不具任何加分效果，投手面對這些建議時，也要有「左耳進，右耳出」的勇氣才行。**

THINK!

好的建議，會在好的時間點出現。

今中慎二是我從小學開始就崇拜至今的投手

28

PRACTICE

職業棒球是一個實力的世界。

職棒選手不分年齡大小，野手肯定希望自己能穩定出賽，投手則希望能站穩先發、中繼或後援，選手們處在一種爭奪有限位置的競爭關係中。

職棒選手只要不能持續證明自己的實力，就無法在這個高度競爭的世界裡生存下去。尤其對投手來說，比賽中還得一個人站在投手丘上奮戰才行。

一名職棒投手若沒有**「我就是這支球隊的王牌！有誰能打中我的球，就站出來試試看！」**的氣概，則很難壓制眼前的打者。

當然，一場比賽不可能只靠投手一個人的力量，來應付場上的所有問題。

但要是在比賽中遭遇危機，投手也不能只是被動地等隊友幫忙，而是要去分析自己的不足之處，盡可能靠個人力量來突破困境。

我認為就算是年輕投手，也應該要擁有這種心態。

有人曾問我，難道不會對將來肯定會成為競爭對手的年輕人感到「恐懼」嗎？我的答案是「當然不會」。我說這句話不是為了逞強，而是自己真心地對於後輩的成長感到高興，而且這樣的前、後輩關係也比較健康。

當球隊成員之間能夠維持這種關係，組織也能獲得進一步的強化。

在前、後輩關係嚴謹的日本棒球界存在一個習慣，就是「前輩一定要請後輩吃飯」。我當然是從善如流，只要和後輩上館子，一定要掏錢請客。

雖然我不討厭這個習慣，但心裡多少有點期待，將來有一天，已在球場上揚名立萬的後輩投手和我吃飯時，能夠半開玩笑地對我說：「現在是我賺的比前輩多啦，今天這一頓就讓我招待和田先生吧！」

每當我思考現在的自己能夠為年輕投手們做點什麼時，都會想到前中日龍隊的投手今中慎二。

從小學開始，今中慎二就一直是我最景仰的投手。

今中投手靠著球速超過一四五公里的速球，以及一顆速度慢且垂直高度落差很大的曲球，成為中日龍的王牌投手。對身材方面沒有什麼優勢的我來說，雖然長得高但卻身形單薄，只靠直球和曲球兩種球路，就能解決職棒打者的今中投手，實在太帥了。

而且我也是一名左投，對同是左投的今中投手，更是愈加欣賞。

還記得我進入職棒界後，第一次和今中先生見到面時，心情實在緊張得不得了。到目前為止的人生中，我純粹為了自己，主動要求希望能獲得對方簽名的人只有兩位，一位是軟銀鷹的王貞治會長，另一位就是今中先生。

今中先生的簽名，直到今天我仍小心翼翼地擺放在自己家中。

今後，我希望自己能夠成為和我一起自主練習的選手，**尤其是年輕選手們「想要學習」的對象**。我想就算自己無法成為他們「景仰」的前輩，只要能成為他們想要努力的「目標」，也是身為職棒老兵的我能發揮的正面作用吧！

THINK!

成為年輕選手們想要努力成為的目標，也是前輩選手們的任務之一。

第 6 章

練習，永不停歇

為了「穩定的個人表現」而跑

29

PRACTICE

棒球界裡最近對於是否要做「某項練習」，討論得很熱絡。這項練習就是「投手的練習內容中，是否需要加入跑步呢」？

直到目前為止，日本棒球界依然認為「跑步」是投手練習中，最重要的項目之一，是基礎練習中的核心單元。

維持理想投球姿勢的關鍵，在於有沒有穩定的下盤。而透過強化跑步這項訓練，可以幫助投手打造穩固的下半身。正是在這種觀念下，棒球界裡才會流傳著「投手就是要練跑」或「跑步也是投手的工作」這樣的話。

但近年來，跑步在練習中能帶來的效果開始受到各方質疑，甚至有人公然提出**「對投手來說，跑步或許不是絕對必要的練習項目」**這種觀點。

「（跑步的有效性是）沒有科學根據又落伍的觀點。」

「若要鍛鍊下半身，還有其他比跑步更有效的訓練方式。」

上述兩個理由，是跑步的否定派和懷疑派的主要論點。

我認為「訓練內容沒有必要加入跑步」的這個想法，可能是由美國職棒大聯盟傳進日本。事實上，跑步在大聯盟的確沒有放在球員們訓練的內容之中，而是被分類在「調整身體」的項目裡。由此可知，大聯盟認為跑步並非用來鍛鍊身體的方法，而是調整身體狀況的一環。

話雖如此，不是說美國職棒大聯盟的投手，就沒有在練習時加入跑步這個項目。我在二〇一六年離開芝加哥小熊隊，重新回到日本職棒，加入老東家軟銀鷹隊。**還記得至少是我仍待在小熊隊時，隊友中有不少投手在訓練的內容裡都有加入跑步這個項目。**

而且會把分量較重的跑步做為練習項目的投手，在歲數上也沒有出現明顯差異，從充滿活力的年輕選手到超過而立之年的沙場老將都有。

反之，也有在練習過程中完全不跑步的投手。

我的感覺是，會選擇在練習時跑步的選手和不這麼做的選手，兩者還挺涇渭分明的。

關於投手的練習需不需要加入「跑步」這一項，持正、反意見的雙方都有自己的立場，那麼這件事有定論嗎？

從結論來說，我是站在支持練習中應該加入跑步這一方。到目前為止的棒球人生中，跑步一直都是我的練習項目之一，直到現在依然沒有改變。

或許有人會問，為什麼我會在練習中加入跑步呢？

那是因為**「跑步的動作」和「投球的動作」其實還挺像的**，以下讓我針對此事再多做點說明。我認為跑步這件事和擔任先發投手時，要站在投手丘上投好幾局的球，有著極為相似的地方。

人持續跑一陣子後，身體不只會感到疲勞，還會出現下顎愈抬愈高、體幹歪掉和腿抬不起來等情形。

上述情形和先發投手站在投手丘上投了好幾局的球之後，容易出現疲勞、身體的扭力不足、手肘的位置變低和投球姿勢跑掉等很相似。投手的投球姿勢一旦跑掉，球威和控球能力都會變差，接下來等著他的就是失分，然後被換下場。

「比賽時，要盡可能保持正確姿勢投球」，這是身為先發投手在場上投球時，**希望能延長投球局數，降低被中途換下來的機率，最需要注意的事**。

而我為了讓自己能夠「在感到疲勞時，依然維持穩定的投球姿勢」，所以在練習中加入跑步這個項目。

一個只跑十趟間歇跑（Interval Run）的投手，當他擔任先發時，大概投八十球左右，身體就會開始疲勞。同一位投手若能跑十二趟間歇跑，則大概投到一百球時，姿勢還不會跑掉。而要是能跑完十五趟間歇跑，投到一百二十球應該也不會有問題。雖然以上只是簡化的舉例說明，但基本上就是這麼一回事。

當我們練習跑步時，也要隨時注意姿勢是否正確才行，不能以漫不經心，腦裡只想著「好累喔」的態度來跑步。有沒有好好地使用髖關節？腰部有沒有歪掉？手腕的擺動有沒有亂掉？本來應該使用到的肌肉，是不是被別的肌肉取代了呢？當我們跑步時，很難完全掌握自己的姿勢是否正確，所以我會經常請教練幫忙確認跑步的姿勢是否正確。

人類的身體積累疲勞後，會出現原本使用到的肌肉開小差，由不同肌肉來填補前者功能的情形，這種現象稱為「代償運動」。要是代償運動成為一種習慣，大腦就會記住它，甚至當投手站在投手丘上投球感到疲憊時，也會發生代償運動。這就是為什麼有些投手在不知不覺中，出現投球姿勢跑掉的原因。

我認為不管投手有沒有注意到，比賽中自己的球速突然大幅下降，或是控球能力出現問題，會出現上述狀況的原因，通常都和代償運動有關。

因此，我一直提醒自己，一定要以正確姿勢來跑步。**因為如果用錯誤姿勢跑步，**

不僅沒有達到訓練效果，甚至可能有帶來反效果的風險。

以上就是我為什麼認為，應該把跑步列入投手練習項目中的理由。由於在現實中，的確存在沒有做跑步訓練，但成績仍舊斐然的投手，所以我的觀念不一定能套用在所有投手身上。但至少就我來說，跑步並非調整身體狀況的一環，而是重要的訓練項目之一。

當然，跑步絕非「只要做了就什麼問題都可以解決」的萬能訓練。因為跑步和投球會用到的肌肉完全不同，需要個別加以鍛鍊才行。例如舉重，對投球來說就是很有效的訓練。

想投出有球威的球，需要強大的爆發力，而舉重正是用來增強爆發力不可或缺的一項訓練。雖然我也有做舉重訓練，但就算做了，身體還有許多無法訓練到的地方。

從結果來看，一個投手去跑步、牛棚練投或舉重，只要從事練習，肯定需要設定一個目標才行。

練習需要有目標，這樣的想法和你是投手還是打者沒有關係，換成是任何一種運動也是如此。而且在某些情境下，也能套用在日常生活和工作之中。

說白了，練習其實只是我們想要達成某個目的所採取的手段而已。

但也正因如此，我們更應該要帶有問題意識去思考，「我是為了什麼而跑步」、「我是為了什麼而練習揮棒」、「我是為了什麼才做肌肉訓練」。如果沒有確立目標，就無法發揮出練習本來能產生的功效。

在沒有設定練習所欲達到的「目的」之下，來討論「跑步對投手來說是否必要」，基本上是一件沒有意義的事情。

THINK!

世上沒有「萬能的練習」，練習的質量高低由你自己決定。

30
PRACTICE

迷信「這麼做就會得到好結果」，是很危險的想法

正如「控球是投手的生命」這句話所說的，能夠把球投到想要的位置，是成為好投手不可或缺的能力。一位投手不論他能投出的球速有多快，只要進不到好球帶，就沒有任何意義。而且要是投手一直投四壞球，比賽也無法進行下去。

身為一名職棒投手，我對自己的控球能力還算挺有信心。雖然我不可能做到分毫不差地控制每顆球的走向，但印象中，自己也不曾經歷過球怎麼樣都投不進好球帶的危機狀態。

有人曾問我：「要怎麼做才能磨練投手的控球能力呢？」

一般認為，「投球姿勢的再現性」保證了「好的控球能力」，也就是說，投手如何把球投到自己想要的位置，比什麼都來得重要。

前面這個觀點認為，只要投手能用相同姿勢投球，投出去的球肯定會跑到一樣的位置。因此投手若想練好控球，就必須讓自己能夠維持穩定的投球姿勢才行。

然而說實話，**我對「投球姿勢的再現性」這個觀點相當懷疑**。

「我看和田投手在練習過程中，會一直做對鏡練習，以此來反覆檢查與確認投球姿勢，這麼做的目的是為了要提高『再現性』嗎？」

過去，有位記者曾問過我這個問題。確實，我會在練習過程中，把大量時間花在對鏡練習上，並不斷重複檢查投球姿勢，想必這位記者是看到我比賽前練習時的樣子，才會問這個問題吧。

然而針對他的提問，我的答案一半是「是」，另一半是「不是」。

球季中，當球員們結束賽前練習、暖好身後，不是當天比賽的先發投手們就會移動到外野，進行各自的練習菜單，例如有些人會伸展，有些人則會傳接球或跑步。非當天比賽的先發投手，會為了下一次登板進行調整，而當天待在牛棚的選手，則往投手丘方向移動，分別進行各自的調整工作。

所有鏡習項目之中，我最重視的就是「對鏡練習」。

我會藉由對鏡練習來確認投球姿勢是否正確。

然而，**我沒有想透過這項練習提高「投球姿勢的再現性」這樣的想法**。

前文曾寫道，我會把投球姿勢分成好幾個不同的動作區塊。只有當這些動作區塊串聯起來，成為連續狀態時，完整的投球姿勢才算完成。

每個不同的動作區塊裡，都包含需要檢視的重要動作。例如當左腳站立，身體重量移到臀部時，有沒有採取「力量姿勢」呢？換句話說，就是有沒有使用到從臀部到大腿根部的肌肉呢？以現在這種姿勢，是否能流暢地使體重往前方移動呢？

當我進行對鏡練習時，會逐一檢視投球姿勢中，那些需要特別注意的重點動作。但我這麼做的目的可不是為了「固定投球姿勢」，好讓自己每一次都能以相同姿勢投球。簡單來說就是，**我並非把注意力放在「做為整體的投球姿勢」上，而是把注意力集中在如何確保「每一個需要注意的動作點，都沒有出錯」**。

這裡就以一位採上肩投法的右投，當他右手腕的投球動作往橫向做改變（較接近側投的姿勢）時為例，來做個說明。本來這位投手是以手腕從上到下，縱向來投球，但如果他的投球姿勢突然變成橫向，控球當然會出現問題，且球威也會減弱。

碰到這種情形時，如果這位投手把「投球姿勢的再現性」奉為圭臬，告訴自己「要用和平常一樣，手腕從正上方揮下來的方式投球」做為調整投球姿勢的方法，是相當危險的事情。因為這麼做不僅沒有治本，還有可能掉進另一個陷阱之中。

就算他真的單純地把橫向投球的姿勢調整回縱向，只要造成這個狀況發生的根本原因沒有找出來，問題就不算真正得到解決。

像「試著讓手腕擺動起來更垂直一點」、「嗯，問題可能出在肩膀開得太早了」這樣，只是為了應付當下的狀況而對投球姿勢進行調整的做法，反而可能會在日後引發更大的問題。職業棒球界裡，有不少投手就深陷在「投球姿勢的再現性」這個誤區之中。

如果這件事發生在我身上，首先我會思考「投球時，為什麼手腕的動作會變成橫向」的原因，詳細做法正如前面的章節已經介紹過的那樣，**要想找出根本的問題出在哪裡，就得回溯每一個需要確認的動作環節**。

檢視過每一個動作環節後，我能找到最有可能導致這件事情發生的原因是，「原來自己在固定式姿勢（Set Position）時，身體的重心稍微往三壘方向偏了些」。

大家應該可以由上述內容發現，我追求的並非投球姿勢整體的再現性，而是每一個各別構成投球姿勢環節的再現性。那些不在關注重點之內的動作，都只是做為結果所呈現出來的附加物，毋須過於糾結。

其實大家只要想一下也知道，我們的身體狀況每天都在變化，身形體態也會隨著年歲漸長出現改變。甚至在一場比賽之中，投手隨著投球局數增加，疲勞也會逐漸累積，因此要維持在相同狀態下投球，是不可能做到的事。

在狀態不佳的情況下，想要能完美重現投球姿勢，不啻是緣木求魚。

每當一件事情進行得順風順水時，一般人都會希望日後還能繼續重現「這種理想狀態」。然而就算事情表面看起來沒有發生變化，通常也很難再現先前的美好光景。

對我們來說，真正重要的不是「事情進展得好順利啊」，而應該仔細分析，之所以能讓「事情進展順利的理由」。如此一來，當下回碰到事情進展不如己意時，才能找出到底是哪裡出了問題。

找出問題的過程中，你將會逐漸發現哪裡是需要特別去檢視的重點，然後提醒自己，下次要能「再現」這個地方，至於不是重點的部分，則不用過於強求。我相信大家若能反覆進行這種練習，日後一定能為自己帶來好處。

THINK!

別放著「成功」不管，要去分析之所以會成功的「原因」。

「練習」，就是全身心投入「自己能夠掌控的範圍」

31

PRACTICE

二〇一八年，球季正式開幕前的春訓，我的左肩突然感到劇烈疼痛，此後在長達一年半的時間，我都沒有在比賽中登板投球。

雖然在春訓期間，我已經隱約感到身體的狀況有點不太對勁，但肩膀會突然痛到連球都投不了，著實讓自己感到意外又困惑。

在此之前，我的手肘雖然曾多次受傷，但肩膀受傷還是人生頭一遭，所以心中多少有些不安。

雖然肩痛發生後，我立刻去看診，但直到球季開幕為止，症狀絲毫沒有獲得任何改善。「到底肩膀出了什麼問題啊……」當時我幾乎淹沒在焦慮的情緒之中。

肩膀受傷最令人感到難受的地方在於，「你所付出的努力，看不到盡頭」。

儘管手肘的疼痛對投手來說也是嚴重的問題，但與肩膀相比，已經算好過的了。

現代運動醫學中，因為肘關節的構造大部分皆已為人所知，確認手肘疼痛的原因和針對原因進行正確的治療，已經不是難事。

我效力於美國職棒大聯盟時，曾接受過俗稱「Tommy John 韌帶重建手術」（Tommy John Surgery）的手肘「尺骨附屬韌帶重建術」（Ulnar Collateral Ligament Reconstruction，簡稱UCL）。雖然有些投手接受了這個手術後，到能夠重新登板投球，需要花上一年半以上的時間，但至少到復原為止的階段是明確的。

做完 Tommy John 手術後，投手首先要進行擴大肘關節活動範圍的復健，並搭配舉重來恢復肌力。過了幾個月，等手肘的肌腱重新長回來後，才開始進行傳接球。接著進一步才是進牛棚練投，最後上場比賽。

因為看得到終點在哪裡，能讓人按部就班地一步一步向前行。儘管這條路走起來並不輕鬆，但我認為和這次肩膀的傷勢相比，還算是小巫見大巫。

與手肘相比，**「肩膀」的構造更為複雜，因此一旦肩膀受傷，解決起來可比手肘要來得困難許多**。

有關肩膀的治療方法，直到今天還不存在「只要接受這種治療，很高的機率都能痊癒」的療法。甚至連肩膀到底哪裡出問題，依然很難做出精準判斷。

關於我的肩關節疼痛，到痊癒為止，目前是處於哪一個階段。或者說，有痊癒的可能性嗎？沒有任何人能說得準。

之前我曾到醫院照過片子，但醫師看完後只說沒有發現需要開刀處理的地方。因此每當肩膀的疼痛緩和後，我就會開始練習傳接球，然而只要傳接球的距離一拉開，疼痛的狀況馬上又會再度出現，這樣的情況反覆了好幾次。

肩膀痛得厲害時，有時甚至會影響到日常生活。

例如肩痛時，為了不讓左肩被壓在身體下面，我晚上睡覺都不能翻身。

有時會在睡著後，因肩膀痛到像被折斷一樣，而醒來好幾次。

早上起床時，左手腕經常處於幾乎無法動彈的狀態，所以好長一陣子只能靠右手掀開棉被，展開新的一天。

在這樣和疼痛對抗、看不見出口在哪裡的過程中，我領悟到一件事，就是應該要「分清楚自己做得到什麼和做不到什麼」才行。

其實仔細想想，這也正是我面對任何困難時，最常實踐的思考方式。

在特定情況下，只要可以弄清楚**自己「能控制的事情」和「無法控制的事情」，就能把注意力完全集中在前者了**。

然後**當面對那些自己是心有餘而力不足的事情時，也能爽快地選擇放棄**。

一般人遇到不好的事情發生時，多少會習慣盯著不好的那一面看。

由於我就是個在性格上偏負向思考的人，很能了解這種心情。

面對自己「無法控制的事情」時，如果我們總是愛鑽牛角尖，希望能想出什麼方法來解決它，恐怕只是對時間和體力的浪費而已。

反之，如果自己真的想要取得某些成果，或真心希望能表現得更好，首先要做的應該是清楚區分出，什麼是「只要自己願意努力，就能做到的事情」和「並非如此的事情」才對。

只要能夠了解，現在的自己能夠控制的是什麼，接著就只剩下卯足全力來做好這件事情而已。這種想法不只可應用於運動選手面對受傷，或從狀態不佳中恢復過來，也適用於任何與「練習」有關的事物上。

對於當時為肩傷所苦的我來說，自己能夠做到的事情，就只有盡可能地多方嘗試各種治療方法。儘管我對這些方式究竟能否改善肩膀的狀態，完全沒有任何把握。

雖然如此，當時只要聽說有什麼「對肩膀很有效」的療法，我就會立刻去嘗試。如果這個方法不行，就試試那個；如果那個還是不行，就再試下一種方法吧……為了將玻尿酸和生理食鹽水注射到體內，我的左肩已經被針頭扎過五十～六十次了。

有時我嘗試不同治療方法時，心裡甚至會打趣地想到：

「說不定我是今年全日本人中，進行肩膀注射次數最多的一位喔。」

對當時深受肩傷所苦的我來說，只有嘗試不同療法，才是「自己能夠控制的事情」。

從結果來看，最後我總算苦盡甘來，重新回到一軍的隊伍中，並在二〇一九年日本大賽時，擔任與巨人隊第四戰的先發投手。

現實中我們其實很難見到，類似「多虧有這種療法，我才能恢復到原先的狀態」這樣的案例。

媒體上對於我的復出，曾做過「採用PPR療法（自體血小板免疫血清回輸療法）是和田投手能夠重回投手丘的關鍵」這樣的報導，然而事實是否真如報導所寫的那樣呢？我其實也說不準。

但我對於在左肩恢復的過程中，曾經幫助過自己的每一個人，無不打從心底致上最深的謝意。

THINK!

只要知道哪些事情自己「無法控制」後，「焦慮」就會隨之淡化。

特別對談

關於「練習」

館山昌平

Tateyama Shohei

東北樂天金鷲隊

二軍投手教練

前東京養樂多燕子隊投手

對談人 Profile——

館山昌平（Tateyama Shohei）

東北樂天金鷲隊二軍投手教練，前東京養樂多燕子隊投手。

一九八一年三月十七日，出生於神奈川縣厚木市。

就讀日本大學藤澤高中時，館山曾和松坂大輔（橫濱高中）三度交手。雖然其中兩場比賽最終都在延長賽時以一比〇落敗，但館山在高中時期，已被視為神奈川縣最具實力的投手。進入日本大學就讀後，大三時，館山以隊中王牌投手之姿，率領球隊在當年度的「東都大學春季聯盟」中勇奪冠軍。隨後還入選為二〇〇一年舉行的第三十四屆世界盃棒球錦標賽日本國家隊的陣中成員，並實際上場投球。

館山於二〇〇二年起，效力於東京養樂多燕子隊。並且從進入職棒第一年，就是隊中先發投手的固定班底。進入職棒第三年，館山首次在球季中獲得雙位數的勝投。之後館山在二〇〇八年和二〇〇九年球季，分別獲得最高勝率和日本職棒中央聯盟最多勝投手的頭銜，此時的館山已是養樂多燕子隊中的不動王牌投手了。

然而在亮麗的成績背後，館山的「傷痛史」也很驚人。除了右手接受過三次 Tommy John 手術外，肩關節和髖關節也曾動過十次手術（大學時一次、職棒生涯中八次、退休後一次），全身上下共有一百九十一處的手術傷痕。但正因如此，館山成為其他球隊的選手們，經常來請教有關運動傷害該如何處理的對象。

館山與和田毅一樣，都是活躍於棒球場上，屬於「松坂世代」的著名投手。二〇一九年九月二十一日，在養樂多燕子隊的主場迎戰中日龍隊的比賽，是館山告別投手丘的引退賽。館山於該年度球季結束後，正式結束職棒選手的生涯。

但從下一個球季起，館山轉而效力東北樂天金鷲隊，擔任該隊的二軍投手教練一職。

「松坂世代」談他們眼中的「松坂大輔」

和田毅（以下簡稱和田）：開始進入對談前，首先要和阿館說一聲，十七年的職棒生涯，辛苦了！

館山昌平（以下簡稱館山）：謝謝！其實就在昨天晚上，隊上幫我和畠山和洋辦了場引退派對，好久沒有通宵喝一整晚了（笑）。

和田：真好啊！不過阿館真的是一點都沒變，還是那麼有活力。

館山：話說，和我們同屬松坂世代的職棒選手，在場上的只剩五人了吧？二〇二〇年還在NPB（日本職棒）有出賽的，有阿松（松坂大輔）、球兒（藤川球兒）、渡邊直人、久保裕也……嘿嘿，你說還剩下一個人是誰啊？

和田：就在你面前啦！

館山：啊，對喔，是小毅耶（笑）。另外，久保康友仍在墨西哥的棒球聯盟努力奮鬥，阿松也重新披上久違的西武獅隊球衣。

和田：嗯，我很期待在例行賽中，還有和阿松同場較勁的機會。

館山：這還真的很令人期待呢。不過，當我們還是高中生時，可沒想到會有這樣一天吧。

和田：其實在高中時期，我和大輔沒有對戰過，而且當時我們兩人根本處在兩個不同的世界。高中時我真的很佩服他，直到現在，那種「松坂大輔是我們這個世代的老大」的感覺，依然鮮明的存在。

館山：確實如此，我也從來沒有把松坂視為競爭對手過。

和田：高中時有和松坂比賽過的阿館，怎麼評價他呢？

館山：其實和松坂同場出賽時，我沒有「要與松坂大輔對決」的感覺，因為當時腦中所思考的是，我們正要和橫濱高中比賽。比賽前暖身時，球員們不是都會在同一個時段進行長距離傳球嗎？就是把球從本壘投到左外野或右外野的練習。那時我倒是真的有產生「喔，我和松坂一起投球耶」的感覺，而且當下我們也有寒暄過幾句。然而進入比賽後，輪到我登板時，心裡還是出現了「這是松坂大輔站過的投手丘耶」這種感動的心情。而且自己還非常在意，松坂如何調整投手丘上的土，以及他怎麼擺動腳等細節。（笑）

和田：我非常了解這種心情！當時我也是一邊在電視機前看賽事的實況轉播，一邊在心裡想著「解決那個危機後，松坂擺出的姿勢實在太帥了」、「原來碰到這種狀況時，他會改變投球節奏啊」。

館山：小毅看松坂完全是「球迷視角」耶。我也曾在意過「松坂穿的是哪一牌的釘鞋啊」這種事情。

和田：我可是連松坂是如何使用止滑粉包（Rosin Bag）*這種事，都很關注呢。

＊注釋：止滑粉包是裡頭裝滿了止滑粉的小布袋。

館山：記得當松坂進入日本職棒第一年就大放異彩時，我是真心地替他感到高興。儘管我很期待看到我們這個世代的超級王牌，能在職棒界裡發光發熱，但對於當時的自己來說，職棒仍是個充滿未知的世界。看到松坂初出茅廬就取得令人讚嘆的好成績時，心裡真的覺得：「他實在是太厲害了！」

和田：雖然和我們屬於同一個世代，也是以「第一指名」被職棒球隊相中的選手，除了松坂之外還有好幾位，但松坂果然是一個特別的存在。我進入職棒之後，因為和松坂同屬「太平洋聯盟」，所以有好幾次與他交手的機會。還記得頭幾次和松坂比賽時，心裡還會想：「我真的能當他的對手嗎？」雖然我只要一站上投手丘，心裡自然就會湧現出「絕對不想輸球」的鬥志，但當對手是松坂時，鬥志會因「我現在正在和松坂大輔同場較勁耶」這種想法，而格外昂揚。

館山：從球速和受到媒體關注的程度來看，高中時能和松坂相提並論的選手，大概只有阿渚（新垣渚）了吧。雖然杉內俊哉也相當厲害，但高中時期的他，確實離阿渚和松坂還有段距離。

和田：高中時我念的是島根縣的公立學校，較少有機會能和其他棒球名校比賽切磋，也缺乏與其他選手們建立關係的機會。說實話，我第一次知道阿杉（杉內俊哉）時，已經是高三那年的夏季甲子園。但儘管是處在資訊相對封閉的環境下，到甲子園比賽前，我就已經聽說「松坂大輔和新垣渚，是和我同一

個年級的強投」了，他們倆真是與眾不同啊！

館山：提到阿渚，他也結束職棒選手的生涯了呢。

和田：阿渚現在是軟銀鷹少年隊（ホークスジュニア）的教練，為了軟銀鷹隊未來的發展，努力奮鬥中。

回顧十七年的職棒生涯與傷痛史

館山：話說，我第一次和小毅當隊友，是在參加「日美大學棒球賽」的時候，沒錯吧？

和田：對，那是我們兩人首次在同一支球隊當隊友。

館山：當時那支球隊的氣氛真的很好。我還記得大家到橫濱的中華料理店吃飯時，隊友們都在問：「和田要去哪一支球隊啊？」

和田：有這件事嗎？

館山：有啦！我還記得那年你因為使用了「自由獲得枠制度」，還曾說過「終於把選項減少到四個了」這句話喔。那個時候其他隊友們都擠到你旁邊說：「和田你快點決定要去哪一支球隊啦！不然其他人都不知道該怎麼安排耶！」（笑）

和田：啊，確實有這件事呢。現在回想起來，當時可真是個寬鬆的時代啊。

館山：有關那年的「日美大學棒球賽」，另一件至今依然讓我難忘的，就屬小毅的投球了。還記得大家一起住宿參加集訓時，發生陣中捕手數量不夠的情形，所以連有捕手經驗的我，都被抓去牛棚待命。結果這樣的安排，讓我接了小毅投出的球。說真的，你投的球實在有夠恐怖。一般投手投出的球，軌跡看起來呈現的是「線」狀，但小毅投出的球卻是「點」。而且在尚未掌握住遠近距離感時，球就「砰」一聲進到手套裡了。

和田：喔，原來是這樣啊！

館山：我經常聽到職棒打者說「和田投的球，感覺起來的球速比實際的還要快」、「明明是時速一四〇公里左右的直球，但揮棒速度卻跟不上」。我接過你的球，所以知道這些打者所說的是什麼感覺，你的球真的不好打喔。

和田：能被投手誇獎，感覺好開心啊！對了，藉今天這個機會，想請阿館分享一下這十七年來的職棒生涯。

館山：說真的，我覺得自己幹得還不錯。其實原本一年前，就是二〇一八年球季時，我就已經打算引退了。但球隊方面希望我能坐陣隊中，所以延到隔年才引退。

和田：喔，這件事我還是第一次知道呢。

館山：我為自己設下的原則是「球員生涯絕不要因傷而結束」。「無論自己受了什麼傷，最後一定要重回一軍，站上投手丘。讓我高掛球鞋的原因，只能是自己已經無法解決打者了」。這麼說或許有點誇張，但我認為這是自己對於棒球，最後應盡的使命。我相信自己面對棒球的態度，能夠傳達給每一位棒球少男、少女們。

和田：確實，「受傷了所以只能選擇引退」，

會讓人留下很多遺憾呢。

館山：由於目前運動醫學已經相當進步、發達，哪怕我受過好幾次傷，最後還是能重回球場。單就這一點來說，我認為自己相當幸運。我很希望能讓同樣為傷痛所苦的棒球選手，尤其是孩子們，了解到「只要好好地接受治療，就能繼續從事棒球喔」。

和田：其實我從很早之前就想問阿館，反覆經歷過那麼多次「受傷↓手術」後，對重回球場這件事的決斷，難道不會做得更謹慎些嗎？每次只要手術完後，我首先想到的就是「之後一定要小心，不要又讓自己得動刀了」。但阿館好像都在手術之後不久，就開始練習傳接球了耶。我的印象中，你重回球場的速度總是特別快。

館山：其實我沒有亂來喔，都有好好記住醫師和我說的痊癒時間。然而不知道是好是壞，由於我的傷勢經常會成為各方關注的焦點，如果自己在治療中過於謹慎，拖延原本預定要重新回到球場的時間，那麼我就會擔心，自己的病例日後可能成為別人用來比較衡量的標準。反之，太快回到球場上當然也不行。另外，就算是同樣的傷，也有程度上的差異，每個人的恢復速度也不一樣，都需要經過醫師個別診斷才行。還有，我會擔心資訊傳播的速度太快，深怕有其他患者會說出像「養樂多隊的館山好像只花了這樣的時間就痊癒了耶」這樣的話，所以我盡可能不在接受媒體採訪時，透露有關復健的詳細情形。

和田：我真的很想知道，難道你都不會對受傷這件事感到恐懼嗎？當阿館站在投手丘時，腦中是否也會出現「如果又受傷了，該怎麼辦……」這樣的念頭呢？還是說你認為「如果又受傷了，那就再接受一次手術」呢？

館山：那還用說，傷後重新復出時，肯定會感到不安啊。但只要一上場投球，注意力全神貫注在與打者對決時，恐懼感就會一掃而空了。要解決職棒的打者，沒有使出渾身解數是辦不到的。當我在和自己的傷勢「對決」時，無法成為球隊的力量，所以我會好好地努力復健，讓自己早日能夠出賽。

和田：還記得二〇一八年，我肩膀受傷時，也曾找阿館商量呢。當時我對於能從你的口中聽到這麼多不同治療和訓練方法時，著實大吃了一驚。你真的對認識自己的身體，下過一番苦功。我想阿館之所以能夠擁有這麼豐富的知識，真的是因為受過很多次傷。

館山：受傷的原因其實和基因有關，有時想來也真拿它沒辦法。

和田：你所說的是像身體構造存在「鬆弛肩」（Loose Shoulder）*這樣的問題是嗎？

館山：沒錯。像我的手肘和肩膀都很鬆弛。你也知道，要是肩膀周圍的肌肉過於發達，可能會造成肩關節的可活動範圍受到限制，所以有些醫師不建議人們鍛鍊肩膀周圍的肌

＊注釋：鬆弛肩是能夠穩定肩關節的韌帶和關節囊，在身體結構上先天就處於鬆弛的一種狀態。

肉。但像我的情況是，如果沒有肌肉來做支撐，肩膀就有脫臼的風險。因此從我的關節構造上來看，一定得鍛鍊肩膀周圍的肌肉才行。雖然這麼做的結果，可能會引發右手血液循環不良的問題，但那也沒有辦法……

和田：原因出在血管的形狀嗎？

館山：是的。我們每個人手掌底下的血管，其實差異非常大。以我的右手為例，本來應該連結在一起的血管沒有連接在一起，所以只要我繼續擔任職棒投手，就很難避開血液循環不良。不過，一般日常生活倒是沒有遇過什麼不便之處啦。遇到這樣的事情，也只能告訴自己「這也是沒辦法的事情」，然後接受它嘍（笑）。

和田：回想起來，以前我也有「猿腕」*的問題。

館山：我記得之前小毅也因為韌帶出現疼痛，最後動了 Tommy John 手術對吧，看來韌帶的疼痛或許和猿腕有關也說不定。我想強調，投入棒球運動到弄傷自己的地步固然是不樂見的事，但目前已經有許多能夠降低受傷風險的方法了，可以讓職棒選手延長職業生涯。然而如果一個職棒選手會受傷的原因與遺傳基因有關，那麼我認為他就得有面對傷痛的心理準備了。

和田：這麼說來，阿館還在場上投球時，為了

＊注釋：一種把手臂伸直後，手肘部分會呈現出極度向外側擴張的症狀。

保持一貫的高水準演出，那些開刀的經驗，可以說是一種必然，對吧？

館山：沒錯，是一種必然。但這也沒辦法啦，為了讓自己能在球場上戰鬥下去，這些事情無可避免。

和田：為了戰鬥下去啊……嗯，長年盤據在我心中的其中一個疑惑，今天終於解開了。

身為指導者，怎麼看「練習」這件事

和田：阿館目前已經在樂天二軍擔任投手教練了，身分轉變為指導者後，還適應嗎？我記得從二〇一九年秋訓時，你就已經待在當地裡了，對吧？

館山：首先我想說，樂天金鷲隊對於數據資料的處理方法，讓我大吃一驚（笑）。沒想到不同球隊面對數據資料這件事情上，差異會這麼大。樂天二軍的球場中，到處都有安裝攝影機，不論是影像資料，還是由「棒球動態追蹤系統」和「Rapsodo」*所測得的數據，我都可以立刻用手機確認。這讓我有時會想：「如果年輕時就有這些系統，不知道自己現在會如何呢？」

和田：軟銀鷹和樂天一樣，也擁有能調閱影像和數據資料的系統喔。有了這些東西，練習的意義發生徹底的改變。

館山：我之前的老東家比較保守，所以加入樂天後，受到不小的文化衝擊。當然，養樂多燕子隊的選手，絕不是只憑感覺打球喔。事實上有不少養樂多隊的選手也會把自身對棒球的感受進一步深化為理論，然後在實戰過程中，拿出來加以實踐應用。

和田：現在能從客觀的角度來對理論加以確認，實在是相當便利呢。

館山：是啊！身為指導者若不去升級自己的思考方式，真的會跟不上時代喔。

和田：確實如此。我認為把「以前是這麼做的」強加給年輕人的做法，很值得商榷。新的東西只要有用，就應該勇於嘗試才對。

館山：身處當今這個時代，我不想成為一個只會把「過去我是這麼做的」這句話掛在嘴邊，對球員進行指導的教練。

和田：雖然我還不是教練，但身為球隊裡年紀最大的選手，經常會成為年輕選手們諮詢的對象。而每當遇到有人問我問題時，我都會提醒自己，就算是自己親身實踐過，覺得相當有效果的練習，也不應該使用「你也應該這麼做」的口吻，來對提問者做建議。而是要以「就我個人來說，會做這樣的選擇」為標準，來與提問者交流。我也不希望把屬於個人的成功案例，強行推銷給其他人。要當一位指導者真是不容易，當然，職棒界裡還是有很多「不變」的事物……

館山：順著你的話來說，身為教練，今後我能教給年輕人的，應該是「準備的重要性」

＊注釋：一種測量彈道的儀器。

了。一個投手如果在登板前，不能做好百分之百的準備，對球隊是很失禮的一件事。這是我在現役時期一貫堅持的原則。

和田：阿館在要登板比賽的當天，對自己也挺嚴格的對吧？

館山：出賽當天做為例行公事，我一定會穿上跑步用的釘鞋，用馬表來測量自己跑五十公尺所花的時間。如果時間超過六秒五〇，熱身就算失敗。只有能在六秒五〇內跑完五十公尺，身體的準備工作才算完成。如果是到外地，或是在自己不熟悉的二軍球場出賽時，我也會在對手練習前，先到投手丘上稍做檢查。確認投手丘的傾斜度，以及能從那裡看到的景色為何。然後我還會確認，如果野手把球回送到本壘時發生漏接，球在擊中球員休息區旁的防撞墊後，會如何彈跳。

和田：太強了！這是阿館做為一名職棒選手的堅持。

館山：為了不在日後留下遺憾，我追求的並非「表現得好不好」，而是「有沒有盡全力做到最好」。引退賽（二〇一九年九月二十一日，對中日龍）時，就算事前已經決定好只投一個人次，但當天我還是穿上跑步用的釘鞋，做一如既往的準備。話說，當天的成績是六秒三六喔（笑）。我的心裡不存在「做得差不多就可以了啦」這種想法，雖然這可能是導致自己「容易受傷的原因」也說不定。但我認為正是這種心態，才「讓我能夠長期待在球場上打拚」。目前身為一名教練，接下來要學習的東西還有很多，但我希

望自己能夠把「準備的重要性」這件事，好好地傳承給樂天的每一位年輕選手。

和田：現役球員時代，阿館的自我成長，以及身為一名職棒投手對於比賽的準備方法，身邊的人可是都看在眼裡的喔。我想正因如此，只要是阿館登板的日子，隊員之間自然會產生一種「這位投手會帶領大家贏球」的氣氛。有時我雖然也會冒出「今天實在好累喔，不然等會兒跑步時，少跑個一、兩圈好了」的念頭。但只要想到如果因為事前準備不足，導致球隊以一分之差輸球，自己會無顏面對正在努力練習的同袍隊友，思及至此就不敢偷懶了。此外，堅持做完辛苦的練習內容後，其實會激發出一個人心中「既然都付出那麼多努力了，可絕不能輸球啊」的鬥志。

館山：能如此律己甚嚴，是小毅的過人之處。我年紀還很輕時，就看過你練習的樣子了。我一直相信，小毅肯定是要留在職棒界發展，也果真在這個世界裡挺過了大風大浪的選手。今天，不管是小毅、阿松（松坂大輔）還是（藤川）球兒，我依然想像不到你們之中，任何一個人宣布要引退的樣子。這種感覺很像我們一直都覺得，鈴木一朗還在球場上打球一樣。至於我，因為覺得已經把所有該做的事情都做完了，心中完全沒有「請你們代替我，繼續在球場上努力下去」的想法。

和田：阿館能有這種想法，表示你對自己付出的努力感到驕傲。這可是沒有後悔的人才說得出來的話喔。總有一天，我也會面臨到決定自己是否要引退的那一刻。我希望自己能夠繼續努力，然後真到了那一天時也能像阿館一樣，有「已經把所有該做的事情都做完了」的感覺。

館山：小毅一直都是個知道自己該做什麼事情的人，沒問題的啦！你很清楚自己的身體狀況和有關投球的技術，所以能夠繼續精進下去。儘管小毅的棒球資質本來就很好，但我相信你的厲害之處，更多是經由「練習」所積累而成的結果。

和田：阿館這句話對拙著來說，是再合適不過，值得打滿分的總結喔（笑）。今天真的很感謝能和你有這樣一場對談。

館山：不要客氣。我很期待能看到你與松坂同場較勁的樣子喔！

（對談結束）

結語

希望有一天我也能認同——對選手來說，受傷同樣是「重要的練習」

日本職棒二〇一九年球季，我所屬的福岡軟銀鷹隊達成日職總冠軍賽的三連霸。擔任第四場比賽先發投手的我，在睽違十六年後，終於再度於日本職棒冠軍賽拿下勝利，成為冠軍決定賽的勝利投手。

若回到一年之前自己當時的身體狀況來看這件事，簡直就像做夢一樣。

二〇一八年，我的左肩在春訓時受傷了，只能暫時離開投手丘。儘管我嘗試許多不同的治療方法，但肩膀問題仍然時好時壞，沒有得到徹底的解決。這場看不見盡頭的戰鬥，讓我飽受折磨。

脫離隊伍接受治療的過程中，悔恨、抱歉和寂寞的情緒，充滿我的心中。

當年，我是在電視前看著隊友們打贏日職總冠軍賽，達成二連霸的。

雖說一個投手能否上場比賽，當然和球隊領導階層的戰略考量與個人的機運有關。但當時，我對自己竟然不能成為以奪得日職總冠軍為目標的軟銀鷹陣中一員這件事，感到相當難受。

儘管如此，我對於自己能在二〇一八年球季接近尾聲時能脫離傷兵行列，並在隔年能夠投出自己的代表作，感到相當開心。二〇一九年球季，對我來說是這輩子難以忘懷的球季。

二〇一九年球季，除了日本職棒冠軍賽的決勝賽（第四戰）之外，球季中於六月十五日對上中日龍隊的交流戰（セ・パ交流戦），也讓我留下深刻印象。

我在二軍迎來了二〇一九年球季，經過幾場實戰投球後，終於在六月時重新回到一軍。六月五日對上中日龍的比賽，是我重返一軍後的初登板。那一天球場上發生的事情，直到今天仍然令我難忘。

我習慣於開幕四十五分鐘前（如果是晚上六點開幕，就是下午五點十五分左右）到球場上做最後的暖身，這是我在左肩受傷前就養成的習慣。

六月五日先發登板的當天，我也和受傷前一樣，在相同時間走進球場。

就在我踏進球場的那一刻，觀眾席上傳來了震耳欲聾的掌聲和應援聲。

那個當下，我真的覺得好高興。

感受到「我終於再次踏上一軍的投手丘了」的同時，也讓我重新認識到，對身為職棒選手的自己來說，在身後支持我的球迷朋友們有多麼重要。那一天在球場上的體驗，我想直到離開人世的那一天都不會忘記。

對於長達一年半脫離戰線的日子，我真的感到非常抱歉。

這不論是對與我簽下了高額年薪的球團，還是期待我能率領球隊贏球的球迷來說，都是種背叛的行為。已經過去的時間不會再回來，對大家造成的困擾也已經是既成事實了。

但我相信，事情的意義會因今後我要如何繼續自己的棒球人生而發生改變。我從左肩受傷，甚至連轉動手腕都有問題的狀況，恢復到能重新回到一軍，站在投手丘上投球，這樣的經驗對我來說，無疑具有正面價值。

例如我可以和其他與我遭遇到相同傷痛的選手，分享做為過來人的經驗。

「我是做了這樣的復健才恢復的。」

「如果遇到這樣的狀況，你可以試試看這種療法喔。」

此外，就算遇到受傷部位與自己不同的選手，我也能提供自己是如何做好心理調適的方法。我相信個人的傷痛史可以鼓勵其他人，成為使他們積極向前的動力。

說實話，目前的我尚未到達能夠體悟「受傷對自己來說，其實是一件好事」，這種豁達的境界。

對於受傷所帶來的影響，最先感受到仍是洩氣與懊悔的情緒。

但只要還站在投手丘上，我期待自己總有一天能於職棒生涯中領悟到，原來「受傷也有它的意義」。

二〇二〇年一月

和田 毅

解說

投手和田毅為什麼有魅力？

田中周治（運動專欄作家）

我從事運動記者這份工作將近三十年的職業生涯中，福岡軟銀鷹的和田毅投手，無疑是其中一位能讓我留下深刻印象的運動員。

雖然很難統計出確切的數字，但接受過我專訪的棒球選手中，松井秀喜與和田毅肯定是次數最多的前兩名。

大家或許會好奇，和田毅到底是哪裡如此令人著迷呢？相信只要在讀過《練習，拉近了我與天才的距離》這本由他所撰寫的書後，大家就能明白個中原因了。

和田毅的「練習論」不只能應用在提升個人的棒球技巧，從某個層面來說，還具有一種普遍性。當我們得面對出現在工作、學業和日常生活中的問題時，身為「凡人」該怎麼做才好呢？和田毅透過自己的文字，向大家提出能夠直指問題核心的建議。從這個意義上來看，或許可以說，這是一本以「棒球」為主題，來講述「棒球以外的事情」的書。

我第一次採訪和田毅時，他還是早稻田大學四年級的學生。當時的他已經是「東京六大學棒球」中，實力首屈一指的左投了，並且透過日職選秀的「自由獲得枠制度」，加盟福岡大榮鷹隊。那次採訪的目的，主要是想聽他闡述加入職棒後的抱負。

訪問當天，當我來到位於東京四谷的某間工作室前準備時，立刻就從人群中，發現了採訪對象的身影。但在我準備與他們倆寒暄而走上前時才發現，其中一位體格結實強壯的原來是球隊的公關人員。而在他身旁穿著粗呢外套，身形單薄，臉上帶著一抹微笑的年輕人，才是和田毅。

當然，採訪前我早已透過報章媒體，知道和田毅的長相。但說實話，和田毅身上沒有散發出「原來這個人就是打破由江川卓創下三振紀錄的投手啊」這種「霸氣」。

和田毅怎麼看都像是路上「隨處可見的普通大學生」而已。

儘管在採訪和田毅之前，我已經和各式各樣的棒球選手接觸過，但當時像他這種類型的選手，還是頭一次碰到，因此直到今天依然記憶猶新。

即使從與他第一次見面後，到現在已經過了二十一年，和田毅給我的感覺，仍然和初次見面時的第一印象一模一樣。他給人的感覺就是很自然，完全沒有運動員特有的「威壓感」。借用一句和田毅說過的話，他就是個從「普通的棒球少年」成長起來的人。

和田毅思考事情時相當有邏輯性，他說出口的話條理分明，很好理解。對我這種專欄作家來說，實在是無可挑剔的受訪者。然而與此同時，讓人無法看透他的心思，卻也是和田毅另一個吸引人的地方。

例如，雖然至今為止我已經採訪過他幾十次，但直到今天我還是摸不清，他的性格到底是偏正向還是負向。儘管他所說的話，內容總是充滿積極正面的內容，但隨著談話愈來愈深入後，我會發現到和田毅在想事情時，總是會以最差的狀況來做為思考一件事情的基礎。其實我覺得他就是一個「愛操心的樂觀主義者」。

此外正如本書內容所顯示出來的那樣，和田毅對「練習」這件事，在理論的構築上著墨甚深。尤其對於「投球姿勢」這個部分的論述，充滿他對細節的極致追求與堅持。另一方面，對於新的方法論，他也抱持著「只要是有益的東西，就要拿來試試。若結果不理想，隨時喊停也可以」的態度。

在和田毅身上，我們可以發現「謹慎」與「大膽」，毫無矛盾地並存在一起。

雖然和田毅的球速在日本職棒界裡不算特別快，但在即將迎來第二十一年的職棒生涯過程中，他一直是一位與打者直球對決、經常賞對手三振的「本格派」投手。和田毅就是這樣一位，連投球風格中都包含兩種看似不同的元素，整個人是建立在一種讓人感到不可思議的平衡之上的男子。

我們還可以從另一個角度來認識和田毅這個人，和田毅從進入職棒界以來，一直堅持從事慈善活動迄今。他透過「把疫苗送到每一個孩子手上・日本委員會

（ＪＣＶ）」＊，以「球季中只要每投一球，就捐十支疫苗」和「成為比賽勝利投手的當天，每投一球就捐二十支疫苗」等，由自己所設定的原則來從事慈善活動。

當然，日本職棒界除了和田毅，還有不少很熱心於慈善活動的球員。但這些選手之所以會去做慈善，大部分是源自他們有感於自己在社會上取得了成就，應該要做點回饋才行的心理。因為憑著優異的身體條件，並在拚死努力、好不容易才擠進職棒窄門的過程中，接受過許多來自他人和環境的恩惠，所以認為自己一定得做點好事才行。這是我在訪談過程中，從其他選手那裡最常聽到的答案。

但和田毅的初衷和其他人不太一樣，儘管讓他從事慈善活動的動機裡，同樣也有「感謝」的成分，但在背後推動他這麼做的動力，其實相當單純。

記得有一次和田毅曾親口對我說，當他還是個孩子時，就已經「會把零用錢拿去

＊譯注：該機構的日語原文名稱為「世界の子どもにワクチンを　日本委員会」（Japan Committee，Vaccines for the World's Children，簡稱ＪＣＶ）。

給街上做募捐的人」了。雖然很難相信，但他從孩提時期開始，據說心中就一直存在著「總有一天，不只是零用錢，我還要拿自己賺的錢去捐款」這種想法。

這就是和田毅從事慈善活動時心底真實的想法。對於去做對社會有貢獻的事情，他沒有過多的預設立場，只是貫徹自己「身而為人，應該這麼做」的價值觀。然後剛好因為他是一個職棒選手，可以拿出較多的錢來做好事而已。我相信就算和田毅從事其他工作，也一定會去做自己能力範圍所及的慈善活動。

回顧和田毅這些不同面向，讓我深刻地感受到，他真的是一位極其「普通」、卻又在某些地方充滿「特殊性」的人。或許正因如此，做為採訪對象，和田毅總是讓我對他充滿興趣。

我結識和田毅的十八年中，二〇一八年他因左肩疼痛的問題，暫時離開隊伍時，是我唯一一次看到他意志消沉的樣子。

那年和田毅在春訓時就已經感到左肩不太對勁，而且就算做了復健，情況也不見好轉。接著在球季開幕後過了好一陣子，我都沒有接到來自他的任何好消息。同年七月下旬，因為有點擔心他的情況，我直接去位於福岡筑後的軟銀鷹隊二軍基地看他。和田毅在那裡和其他需要復健的選手們，一起做著維持體力的練習。傳接球的距離僅有五十公尺左右而已，但最讓我印象深刻的，是他努力投出每一球的樣子。

那天晚上，雖然我與和田毅一起到他經常光顧的烤雞串店用餐，但正如預期的那樣，談話怎麼樣也熱絡不起來。飯局上，他不斷用平靜的口吻，說出像「每次當我覺得肩膀的狀況好像變好時，隔天卻又會被打回原形，這種情況已經反覆好幾次了」這樣的話，那時他的心情真的相當低落。

這是我從未見過的和田毅。在大聯盟打球時，雖然和田毅的左手肘也曾出現問題，但我知道他的傷勢後，立刻飛到美國與他碰面時，卻發現當時他相當正向地面對問題，並為了重新回到場上努力地復健。對比之下可以知道，這次肩傷的嚴重程度，確實非比尋常。

「要是這種狀況持續下去，或許我就得思考一下自己的進退了。」當我第一次從和田毅口中聽到關於「引退」的話時，著實嚇了一跳。

雖然和田毅在二〇一八年，沒能在球季中為球隊登板效力，但到了二〇一九年球季中，肩膀的狀況終於好轉。和田毅重回球場的首戰，是在交流戰與中日龍隊交手（六月五日），第二戰的對手是阪神虎隊（六月十二日）。因為我想看他回到一軍、重返投手丘的樣子，特別趕到軟銀鷹的主場福岡巨蛋（福岡ヤフオクドーム）*去看他的比賽。

然而這兩場比賽，和田毅都沒能拿下久違的勝投，而我也在沒有和他說到話的情況下離開福岡。只要一想到和田毅為了他的復出戰投入多大心力，卻沒能如願以償，我也不知道該如何開口向他搭話。

六月二十三日，和田毅迎來重返球場後的第三戰，當天的對手是勁旅巨人隊，而且對方的先發還是日本職棒的王牌投手菅野智之。看來一齣大戲的舞臺已經為他搭好了。

當天比賽和田毅從第一局開始就全力投球，他一共投了五局，取得被對手打出三支安打、奪下六次三振、只失一分的好成績。之後在打線相挺之下，和田毅終於在時隔六百五十一天後拿下勝投。贏得這場比賽後，軟銀鷹成為當年交流戰的優勝隊伍，同時也向社會宣告，「軟銀鷹的和田毅」回來了。

比賽結束後，身為勝利投手的和田毅，在東京巨蛋選手休息室後方的走道上，被記者們團團包圍住。等到採訪告一段落後，和田毅注意到我，接著默默地走到我面前，伸出了他的右手。此時，我的腦海中浮現出過去和他討論與「練習」有關的話題時、他為肩傷所苦時，以及我們在福岡的烤雞肉串餐廳裡對話時的模樣。當下我的內心澎湃不已，就像自己拿下了勝投一樣開心。

我們使勁地握完手後，和田毅終於笑顏逐開地對我說：

＊譯注：該球場現更名為「福岡 PayPay ドーム」。

「啊！總算可以鬆一口氣啦！」

我從他身上感受到完成了一件大事之後的安心感。

而且彷彿還在那張因拿下勝投、並幫助隊伍贏得交流戰優勝的笑臉上，依稀看到了過去那位「穿著粗呢外套的早大學生」的面容。

內文照片

繁昌良司——卷首彩頁（第九和第十一張以外的照片）

疋田千里——卷首彩頁（第九和第十一張）、特別對談

AUTHOR 系列 026

練習，拉近了我與天才的距離：王牌左投和田毅的野球魂

作者—和田毅
譯者—林巍翰
訪談口譯—郭台晏
主編—邱憶伶
責任編輯—陳映儒
行銷企畫—林欣梅
封面設計—兒日
內頁設計—張靜怡

編輯總監—蘇清霖
董事長—趙政岷
出版者—時報文化出版企業股份有限公司
一〇八〇一九臺北市和平西路三段二四〇號三樓
發行專線—（〇二）二三〇六—六八四二
讀者服務專線—〇八〇〇—二三一—七〇五
（〇二）二三〇四—七一〇三
讀者服務傳真—（〇二）二三〇四—六八五八
郵撥—一九三四四七二四時報文化出版公司
信箱—一〇八九九臺北華江橋郵局第九九信箱

時報悅讀網—http://www.readingtimes.com.tw
電子郵件信箱—newstudy@readingtimes.com.tw
時報出版愛讀者粉絲團—https://www.facebook.com/readingtimes.2
法律顧問—理律法律事務所　陳長文律師、李念祖律師
印刷—勁達印刷有限公司
初版一刷—二〇二三年四月十四日
初版二刷—二〇二三年七月十日
定價—新臺幣四五〇元
（缺頁或破損的書，請寄回更換）

時報文化出版公司成立於一九七五年，
一九九九年股票上櫃公開發行，二〇〇八年脫離中時集團非屬旺中，
以「尊重智慧與創意的文化事業」為信念。

練習，拉近了我與天才的距離：王牌左投和田毅的野球魂／和田毅著；林巍翰譯 . -- 初版 . -- 臺北市：時報文化出版企業股份有限公司 , 2023.04
256 面；14.8×21 公分 . --（Author 系列；26）
ISBN 978-626-353-661-6（平裝）

1. CST：和田毅　2. CST: 職業棒球
3. CST：運動員　4. CST：傳記

783.18　　112003801

ISBN 978-626-353-661-6
Printed in Taiwan